马铃薯百科全书

马铃薯产业经济

高明杰　罗其友　著

丛书主编　金黎平

内蒙古人民出版社

图书在版编目（CIP）数据

马铃薯产业经济 / 高明杰，罗其友著 . -- 呼和浩特：
内蒙古人民出版社，2021.12
　　（马铃薯百科全书 / 金黎平主编）
　　ISBN 978-7-204-16924-5

　　Ⅰ . ①马… Ⅱ . ①高… ②罗… Ⅲ . ①马铃薯 – 作物
经济 – 经济发展 – 研究 – 中国 Ⅳ . ① F326.11

中国版本图书馆 CIP 数据核字 (2021) 第 235219 号

马铃薯产业经济

作　　者	高明杰　罗其友	
责任编辑	侯海燕　石煜	
封面设计	刘那日苏	
责任校对	杜慧婧	
责任监印	王丽燕	
出版发行	内蒙古人民出版社	
地　　址	呼和浩特市新城区中山东路 8 号波士名人国际 B 座五层	
网　　址	http://www.impph.com	
印　　刷	内蒙古爱信达教育印务有限责任公司	
开　　本	787mm×1092mm 1/16	
印　　张	11.25	
字　　数	170 千	
版　　次	2021 年 12 月第 1 版	
印　　次	2022 年 5 月第 1 次印刷	
印　　数	1 – 2000 册	
标准书号	ISBN 978-7-204-16924-5	
定　　价	94.00 元	

《马铃薯百科全书》丛书编委会

主　编　金黎平

编　委（按姓氏拼音为序）

郭华春　金黎平　刘刚　吕金庆

罗其友　蒙美莲　单卫星　盛万民

隋启君　宋波涛　田世龙　杨延辰

《马铃薯产业经济》卷

高明杰　罗其友　著

　　金黎平，1963年4月出生，浙江东阳人。国务院政府特殊津贴专家和全国农业科研杰出人才。中国农业科学院蔬菜花卉研究所二级研究员，硕士生、博士生导师。现任国家马铃薯产业技术体系首席科学家，农业农村部薯类作物生物学与遗传育种重点实验室主任、薯类专家指导组组长，中国作物学会理事和马铃薯专业委员会会长，中国农村专业技术协会常务理事和薯类专业委员会主任委员，中国种子协会常务理事。从事马铃薯种质资源发掘与利用、重要性状遗传解析、高效育种技术、块茎形成和发育以及种薯繁育技术等研究。长期组织协调全国马铃薯科研工作，积极助力产业科技扶贫。获国家科技进步二等奖和中华农业科技奖一等奖各一项（第一完成人）。荣获全国创新争先奖章、全国三八红旗手、全国脱贫攻坚奖创新奖、全国巾帼建功标兵、全国农业先进工作者和国际块根块茎类作物学会终身成就奖等荣誉和奖项。2021年所率领团队被中共中央、国务院授予"全国脱贫攻坚先进集体"称号，《以马铃薯综合高效育种技术助力产业科技扶贫》成果获统战部"各民主党派、工商联、无党派人士为全面建成小康社会作贡献"表彰。

总　序

马铃薯是世界第四大粮食作物，在 160 多个国家和地区种植，并成为许多地方人民日常膳食结构中的主要食物和传奇美食。有人说它创造了历史、影响了人类的文明进程。

马铃薯起源于拉丁美洲秘鲁和玻利维亚等国交界的安第斯山脉高原地区，以及中美洲和墨西哥中部。考古学家发现早在 8000 年前，生活在秘鲁和玻利维亚交界处提提卡卡湖边的古印第安人就开始驯化栽培马铃薯，马铃薯被南美洲古印第安人尊奉为"丰收之神"。16 世纪时，西班牙和英国的探险家分别从拉丁美洲将马铃薯带回本国种植，随后传入意大利及欧洲其他各地。18 世纪后，马铃薯在全世界广泛种植。

据考证，马铃薯可能于 17 世纪中叶传入我国。1993 年，我国成了世界上最大的马铃薯生产国，因其生长周期短，单位面积产量高，种植遍及全国各省、自治区、直辖市。我国常年种植马铃薯 7300 万亩、总产量 9500 万吨左右。马铃薯块茎营养丰富，用途广泛，既是重要的主食，又是蔬菜和加工原料。马铃薯产业发展在保障我国粮食安全、支撑绿色现代化农业发展、满足人们健康营养食物需求、发展区域经济、巩固脱贫成果和乡村振兴等方面具有其他作物不可替代的作用。

马铃薯的产业链长、马铃薯的作用大、马铃薯的营养全、马铃薯的故事多、马铃薯的文化美……2017 年，内蒙古人民出版社策划了丛书《马铃薯百科全书》，计划出版十分卷，近 300 万字。这套丛书的编写人员聚集

1

了全国知名马铃薯专家，他们查阅了大量的文献、资料和档案，考察调研各地马铃薯产业发展以及与马铃薯相关的资讯、文化和美谈，搜集了大量与马铃薯相关的科学文化知识，以百科全书的形式，全面客观地描述马铃薯相关知识，涉及马铃薯的起源与传播、营养与安全、生物学特性、种质资源利用与改良、品种选育与种薯繁育、栽培与机械化、病虫草害防控、储藏与加工、产业经济和马铃薯文化等，既汇集了最全面的马铃薯科学研究成果，又荟萃了最丰富的马铃薯相关科普知识。

本书的出版，既弥补了系统全面介绍马铃薯专业和科普知识图书的不足，又为从事马铃薯科研、种植、生产加工和市场营销等相关人员以及消费者提供了一部权威的参考书。有幸作为这套《马铃薯百科全书》的主编，衷心感谢内蒙古人民出版社的精心策划，也感谢各分卷编写人员的辛勤付出，相信这套书的出版终将不负众望！

国家马铃薯产业技术体系首席科学家　金黎平

2022 年 4 月 22 日于北京

前　言

马铃薯是外来作物，据考证，传入我国已有 400 多年历史。马铃薯为粮、菜、饲、加工兼用，加之具有产量高、适应性强、营养丰富、经济效益高等特点，种植面积不断扩大，我国已经成为世界马铃薯生产第一大国。在世界历史和我国历史中，马铃薯作为口粮或饲料的重要补充，对于解决人类的饥饿问题曾起到过非常重要的作用。

随着三大谷物生产能力的稳步提升，马铃薯作为口粮或饲料的功能逐渐弱化，作为蔬菜和加工原料的消费比例则不断提高，加之人们对马铃薯生产效益和营养价值的认识在不断深化，马铃薯作为商品的经济属性快速凸显，马铃薯产业在增加农民收入、发展地方特色产业等方面的作用日渐得到重视。

本书是在借鉴产业经济学相关概念的基础上，结合马铃薯产业特点和作者本人对专业领域的认知，重点对马铃薯产业结构、马铃薯产业组织、马铃薯产品生产与供给、马铃薯产品市场与需求、马铃薯产业政策、马铃薯文化与品牌等产业经济领域中相关词条进行解释阐述。本书是将经典产业经济词条应用于马铃薯产业经济现象的演绎和解读，是一项探索性工作，由于个人认知的局限性，有关解释或许会有所偏差，希望大家予以斧正。

本书在国家马铃薯产业技术体系首席科学家金黎平研究员指导下形成框架结构，撰写过程中参考了大量的马铃薯专业著作、经济学著作与教材等。此外，硕士研究生鲁洪威、张烁、郝若诗承担了大量词条收集整理的基础性工作，在此一并表示感谢。

1

目　录

马铃薯产业经济

马铃薯产业结构

马铃薯产业组织

马铃薯产品生产与供给

目录

马铃薯产品市场与需求

目录

5

马铃薯百科全书

马铃薯产业经济

马铃薯产业政策

马铃薯品牌

马铃薯百科全书

马铃薯产业经济

目录

9

马铃薯产业经济

马铃薯

马铃薯（学名 *Solanum tuberosum L.*），属茄科，一年生草本植物，块茎可供食用，是全球第四大重要的粮食作物，仅次于小麦、稻谷和玉米。马铃薯在不同国度，名称称谓也不一样，如美国称马铃薯为爱尔兰豆薯、俄罗斯称荷兰薯、法国称地苹果、德国称地梨、意大利称地豆、秘鲁称巴巴等。据考证，马铃薯在我国已有400多年的栽培历史，目前有20多种别名，如因其来源称呼为荷兰薯、爪哇薯、爱尔兰薯等，因其形状称呼为土豆、地豆、地蛋、山药蛋等，还有为区别于甘薯而称呼为番芋、洋芋、洋山芋、洋番芋等。最为常用的名称，在我国的东北和华北大部分地区多称为土豆，西北和西南地区多称为洋芋，山西和内蒙古临近地区多称为山药蛋，全国通称为马铃薯。马铃薯块茎中含有大量的淀粉，能为人体提供丰富的热量，且富含蛋白质及多种维生素、矿物质，尤其是其维生素种类是所有粮食作物中最全的，在欧美国家特别是北美地区，马铃薯早已成为第二主食。马铃薯原产于南美洲安第斯山区，人工栽培历史最早可追溯到公元前8000年到5000年的秘鲁南部地区。

按照马铃薯产品的用途、属性以及行业习惯，本书将马铃薯划分为种薯和商品薯两大类，商品薯又进一步分为鲜食薯和加工原料薯。马铃薯种薯即被当成种子的马铃薯，在生产推广使用的脱毒种薯是指由一系列物理、生物、化学或其他技术措施除掉薯块体内的病毒后，获得的经检测无病毒或含有标准允许的病毒侵染的种薯。我国的马铃薯三级种薯繁育体系，包括按照一定规程生产并符合检测标准的原原种、原种、一级种和二级种。马铃薯商品薯即直接或间接用于消费的鲜食薯和加工原料薯。鲜食薯指经过不涉及内在成分改变的初加工后进行消费的马铃薯，原薯或经过净菜处理后的整薯、薯块、薯丁、薯丝等熟制后，可以直接食用的马铃薯商品薯。加工原料薯指需要经过理化性质改变的精深加工后进行消费的马铃薯，主要用于加工马铃薯淀粉、全粉、冷冻预制品、鲜切脱水制品等。

马铃薯产业

产业是一个跨范围和跨研究领域的词汇，在不同领域都有不同的解释，比如在政治经济学领域，产业一般指工业；在法学领域，产业又被称为"不动产"的代名词；在经济学领域，产业一词是由马歇尔于1892年在《产业经济学》中首次被定义的，他是从商品的市场角度认为产业是指一个内部各部门之间既有分工又有协作的微观企业。以列昂捷夫为代表的经济学家从产业联系角度出发，将社会同类微观企业认为是一个产业；以梅森、贝恩和斯蒂格勒为代表的经济学家，从产业组织角度对产业进行了研究，他们认为产业是指在市场中存在竞争关系的，而且相互之间生产相关类商品的企业的集合。最后，产业的概念演变为指在国民经济体系中通过投入与产出关系相关联，按照一定的经济活动次序来生产相关商品，并且生产经营具有某些相同特征企业或者单位的集合。

马铃薯产业是一个集合性概念，其范畴也是动态变化的，具有狭义和广义之分。传统的狭义马铃薯产业是指马铃薯的生产，也就是马铃薯的种植业，主要包括种薯种植、商品薯种植和加工专用薯种植等类型。随着社会经济的不断发展，传统马铃薯产业向现代化马铃薯产业转变，出现了马铃薯从种植到加工，从产品到产业的过程，向更加全面、系统的产业发展道路前进，于是包括马铃薯科研、生产、加工、仓储、物流、销售等各个环节经济活动的广义马铃薯产业逐渐成型，广义马铃薯产业是一个产业集群的概念，涉及范围更为广泛。

马铃薯产业经济

产业经济是介于宏观经济与微观经济之间的中观经济，以"产业"为研究对象，主要包括产业结构、产业关联、产业组织、产业布局和产业政策等，探讨经济发展中产业之间或产业内部的关系结构、产业内的企业组织结构变化的规律、经济发展中内在的各种均衡问题等，为国家制定国民经济发展战略、制定产业政策提供经济理论依据。

马铃薯产业经济可以定义为马铃薯产业结构、产业组织、产业关联、产业布局的影响因素以及演变的内在规律与机制，具体指马铃薯生产、加工、仓储、物流、销售、贸易、消费以及科研与装备服务等各个环节的经济价值联系与投入产出关系等。

马铃薯产业结构

　　马铃薯产业结构是一个多层次的复合系统，它是指在马铃薯领域内各产业之间、产业内部各层次之间及其产业各层次内部的相互关系的结构，包括马铃薯三次产业之间、产业内部各部门之间、部门内部各项目之间、项目中各产品之间的关系，比如马铃薯产加销关系、马铃薯种植业部门与科技服务部门的关系、马铃薯种植业中种薯与商品薯的比例关系、马铃薯商品薯中不同品种间的关系、不同地区间马铃薯种植面积比例等。广义的马铃薯产业结构主要包括马铃薯产业链、马铃薯产业关联和马铃薯产业布局。

马铃薯产业链

　　产业链是产业经济学中的一个概念，是各个产业部门之间基于一定的技术经济关联，并依据特定的逻辑关系和时空布局关系客观形成的链条式关联关系形态。狭义产业链是指从原材料一直到终端产品制造的各生产部门的完整链条，主要面向具体生产制造环节；广义产业链则是在面向生产的狭义产业链基础上尽可能地向上下游拓展延伸，产业链向上游延伸一般使得产业链进入到基础产业环节和技术研发环节，向下游拓展则进入到市场拓展环节。

　　农业产业链是由相关农产品生产加工的企业或不同环节单元构成的网络结构，是连通产前、产中的资本市场与产后的需求市场并具有

5

一定的服务功能的纽带，从产品供应链的角度来看，一般包含生产前期环节、生产中期环节、生产加工环节、产品流通环节和产品消费环节，认为其中应该涵盖农产品从生产种植开始到消费者购买截止的一整套流程。

马铃薯产业链是一种由马铃薯原薯生产及与其相关的主体、企业、政府部门和不同组织环节构成的网络结构，具体包括马铃薯种植农户、中间商、生产企业、加工企业等利益主体以及马铃薯育种、种植、流通、初加工和深加工、产品消费等环节。

马铃薯价值链

价值链的概念是由哈佛商学院教授迈克尔·波特于 1985 年在其著作《竞争优势》中提出的，他认为："每一个企业都是在设计、生产、销售、发送和辅助其产品的过程中进行种种活动的集合体，所有这些活动可以用一个价值链来表明。"企业的价值创造是通过一系列活动构成的，这些活动可分为基本活动和辅助活动两类，基本活动包括内部后勤、生产作业、外部后勤、市场和销售、服务等，而辅助活动则包括采购、技术开发、人力资源管理和企业基础设施等。这些互不相同但又相互关联的生产经营活动，构成了一个创造价值的动态过程，即价值链。

由于辅助活动带来的价值增值很难界定，从马铃薯生产环节角度来定义马铃薯价值链，即马铃薯生产、加工、销售、储藏、运输、销售等环节价值增值形成的连续过程，大致分为三个价值增值环节：第一环节为马铃薯生产环节，主要是在技术提升及品种选育等生产领域过程中，将新工艺和新工序加入的方法，从而提高马铃薯产量及质量，实现产品的增值；第二环节为马铃薯加工环节，是产业链中实现增值发展的最重要的环节，在加工过程中将初级马铃薯产品进一步开发成具备价值优势的最终产品或价值较高的产品；第三环节为马铃薯销售环节，主要是利用消费者对于马铃薯各类产品的需求情况来进行生产和加工方向的指导，实现马铃薯产品优势向价值优势的转化。

马铃薯产业分类

产业分类是把具有不同特点的产业按照一定标准划分成各种不同类型的产业，以便进行产业研究和管理。产业分类可以形成多层次、多类型的产业概念，是建立产业结构概念和进行产业结构研究的基础。在经济研究和经济管理中经常使用的分类方法主要有两大部类分类法、三次产业分类法、资源密集度分类法和国际标准产业分类法。

结合马铃薯产业自身特点，按照马铃薯产业发展的层次顺序及其与自然界的关系，应用三次产业分类法对马铃薯相关产业进行分类。马铃薯第一产业主要是指生产食材以及其他一些生物材料的马铃薯产业，包括种植业、育种业等直接以自然物为生产对象的马铃薯产业。马铃薯第二产业主要是指马铃薯加工制造产业，利用自然界和第一产业提供的基本材料进行马铃薯加工处理。马铃薯第三产业是指马铃薯第一、第二产业以外的其他行业（休闲旅游、科普等现代服务业），范围比较广泛，主要包括马铃薯运输业、马铃薯旅游业、马铃薯餐饮业、公共服务等马铃薯非物质生产部门。

马铃薯三大产业的关系——相互依赖，相互制约：

（1）马铃薯第一产业为第二、第三产业奠定基础。

（2）马铃薯第二产业是三大产业的核心，对马铃薯第一产业有带动作用。

（3）马铃薯第一、第二产业为第三产业创造条件，第三产业发展促进马铃薯第一、第二产业的进步。

马铃薯产业结构优化

马铃薯产业结构优化是指通过产业调整，使马铃薯各产业环节及其与相关产业实现协调发展、产业总体水平不断提高的过程，即马铃薯各产业环节及其与相关产业之间的经济联系，包括数量比例关系协调程度不断提高的合理化过程，是推动马铃薯产业结构合理化和产业结构高级化发展的过程，是实现马铃薯产业结构与资源供给结构、技术结构、需求结构相适应的状态。

马铃薯产业结构优化遵循产业结构演化规律，通过技术进步，使产业结构整体素质和效率向更高层次不断演进，通过政府的有关产业政策调整影响产业结构变化的供给结构和需求结构，实现资源优化配置，推进产业结构的合理化和高度化发展。

马铃薯产业结构合理化

马铃薯产业结构合理化是指在现有马铃薯产业技术和资源条件下，生产要素得到合理配置，马铃薯产业不同部门之间以及与辅助产业之间协调能力加强和关联水平提高并能产生良好经济效益的过程。对马铃薯产业结构合理化程度的判断，一般可从是否符合产业结构演变的一般规律、产业结构是否适应市场需求的变化、产业环节间的比例关系是否协调、能否合理和有效地利用资源四个方面进行考量。

马铃薯产业结构的合理化主要解决马铃薯供给结构和需求结构的相互适应问题、三次产业以及马铃薯产业内部各部门之间发展的协调问题和马铃薯产业结构效应如何充分发挥的问题。

马铃薯产业结构高度化

马铃薯产业结构高度化是指马铃薯产业结构随着需求结构的变化，向着产业内部综合生产率水平、技术结构水平更高方向演化的过程，实质上，随着马铃薯产业科技的发展和社会分工的深化，马铃薯产业结构不断向精深加工和高附加值方向发展，从而能更充分有效地利用资源要素，更好地满足社会发展对马铃薯制品的需求。

从结构比例看，马铃薯产业结构高度化有三个方面的内容：（1）在整个马铃薯产业链中，马铃薯种植业所占比重逐渐降低，而加工业和服务业所占比重逐渐升高，即产业重点依次转移。（2）马铃薯产业结构中由劳动密集型产业占优势比重逐级向资金密集型、技术知识密集型占优势比重演进，即向各种要素密集度依次转移。（3）马铃薯产业结构中由制造初级产品的产业占优势，逐级向制造中间产品、最终产品的产业占优势演进，即向产品形态依次转移。

从高度化的程度看，马铃薯产业结构高度化有四个方面的内容：

（1）马铃薯产业高附加值化，即产品价值中所含剩余价值比例大，具有较高的绝对剩余价值率和超额利润，是企业技术密集程度不断提高的过程。

（2）马铃薯产业高技术化，即在产业中普遍应用高技术（包括新技术与传统技术复合）。

（3）马铃薯产业高集约化，即产业组织合理化，有较高的规模经济效益。

（4）马铃薯产业高度加工化，即加工深度化，有较高的劳动生产率。

马铃薯产业关联

产业关联是产业经济学中特有的概念，是为了揭示经济活动中的某一产业与其他产业投入产出关系而提出的，是指产业与产业之间通过产品供需而形成的互相关联、互为存在前提条件的内在联系。

马铃薯产业关联是指在马铃薯经济活动中，各马铃薯产业不同部门以及不同产业环节之间存在的广泛的、复杂的和密切的技术经济联系。马铃薯产业关联方式是指马铃薯产业部门间发生联系的依托或基础，以及马铃薯产业间相互依存的不同类型。

按马铃薯产业环节间供给与需求联系，马铃薯产业关联可以划分为前向关联和后向关联。马铃薯产业前向关联是指某些马铃薯产业因生产工序的前后，前一马铃薯产业部门的产品为后一马铃薯产业部门的生产要素，这样一直延续到最后一个马铃薯产业的产品，即最终产品为止。马铃薯产业后向关联是指马铃薯后续产业部门为先行马铃薯产业部门提供产品，作为先行马铃薯产业部门的生产消耗。

按产业间技术工艺的方向和特点，马铃薯产业关联可以划分为单向关联和多向循环关联。马铃薯产业单向关联是指 A、B、C、D 等一系列马铃薯产业部门间，先行产业部门为后续产业部门提供产品，以供其生产时直接消耗，但后续产业部门的产品不再返回先行产业部门的生产过程。马铃薯产业多向关联是指 A、B、C、D 等马铃薯产业部门间，先行产业部门为后续产业部门提供产品，作为后续产业部门的生产性直接消耗，同时后续部门的产品也返回相关的先行产业部门的生产过程。

按马铃薯产业间的依赖程度，马铃薯产业关联可以划分为直接关联和间接关联。马铃薯产业直接关联是指马铃薯产业两个部门之间存在着直接的提供产品、提供技术的联系。马铃薯产业间接关联是指马铃薯产业两个部门本身不发生直接的生产技术联系，而是通过其他一些产业部门的中介才有联系。

马铃薯产业关联的纽带

马铃薯产业关联的纽带是指不同马铃薯产业部门或环节之间关联的载体，即是以什么为依托连接起来的，这种马铃薯产业间连接的不同依托就构成了马铃薯产业间联系的实质性内容。

（1）马铃薯产品、劳务联系，是马铃薯产业间最基本的联系。

（2）马铃薯生产技术联系，技术进步是推动马铃薯产业联系方式，即产业结构变动的最活跃、最积极的因素。

（3）马铃薯价格联系，实质上是马铃薯产业间产品和劳务联系的

价值量的货币表现。

（4）马铃薯劳动就业联系。

（5）马铃薯投资联系。

马铃薯产业的关联效应

马铃薯产业的关联效应指产业内某一环节由于自身的发展而引起其他产业环节或相关产业发展的作用效果。

按照马铃薯产业关联效应的传导方向，可以分为回顾效应、旁侧效应和前向效应。回顾效应是指马铃薯产业的增长对那些向自己供应投入品的供应部门产生的影响；旁侧效应是指马铃薯产业的成长还会引起其他产业的一系列变化，这些变化趋向于在广泛的方面推进产业化进程；前向效应是指马铃薯产业的成长诱导了新兴工业部门、新技术、新原料的出现，改善了自己供应给其他产业产品的质量。

马铃薯产业关联效应对其他产业环节或部门所产生的作用有正和负两种可能，经济学中分别成为扩散效应和虹吸效应。马铃薯产业扩散效应是指某一马铃薯产业环节的增长可以直接带动其他环节或相关

部门的增长；马铃薯产业虹吸效应也称为回波效应，是指某一马铃薯产业环节的增长会抑制其他环节或相关部门的增长。

马铃薯产业融合

马铃薯产业融合是指在时间上先后产生、结构上处于不同层次的马铃薯种植、加工、销售、休闲观光等在同一个产业、产业链、产业网中相互渗透、相互包含、融合发展的产业形态与经济增长方式，是用无形渗透有形、高端统御低端、先进提升落后、纵向带动横向，使低端马铃薯产业成为高端马铃薯产业的组成部分，实现马铃薯产业升级的知识运营增长方式、发展模式与企业经营模式。马铃薯产业融合以知识产业为主导，第一产业种植为基础，第二产业加工为中介，第三产业服务业为核心，第四产业信息业为配套，是在产业层面通过资源优化配置实现资源优化再生，推动马铃薯产业升级的系统工程。马铃薯产业融合以第三产业为核心，既体现了以人为中心的发展观，又能多维度提高马铃薯产业、产品的

附加值，不断形成新的马铃薯经济增长点，是通过资源优化配置实现资源优化再生的智慧经济与科学发展观的重要组成部分。马铃薯现代化经济体系通过产业融合实现产业升级。马铃薯产业融合是城乡融合、区域融合的本质，是城乡融合、区域融合的核心、纽带与催化剂。

马铃薯生产布局

马铃薯生产布局指马铃薯生产在一个国家或地区的地理分布，包括生产的具体地点、规模、相互联系和地域结构，又称马铃薯生产配置、生产分布。马铃薯生产布局既反映了马铃薯生产的空间形式，又反映着马铃薯生产的发展方面，它是马铃薯生产力的一种表现形式，故也称为马铃薯生产力布局。从发展角度看，在一定地区进行马铃薯生产，需要相应的劳动、设备和投资，布局一旦形成，就难以改变，故马铃薯生产布局的变化往往落后于马铃薯生产力的发展进程，具有相对的稳定性。马铃薯生产布局的变化是逐渐的，又有一定的连续性。马铃薯生产布局受到生产力发展的

制约，它对生产力发展又起到促进或限制作用。

马铃薯生产布局包括部门布局和地区布局两个方面，两者之间存在不可分割的有机联系。马铃薯部门布局是按生产部门如工业育种、种植、加工、仓储运输业等进行的布局，大至整个行业，小至个别企业或某项生产的布局。马铃薯地区布局是以地区为单位，包括各个马铃薯生产部门在同一地区的综合布局，形成一定的部门结构和相互联系，大至一个国家，小至一省一县一个城市，乃至一个乡镇的马铃薯生产布局，都属于马铃薯地区布局范畴。

世界三大马铃薯产区

马铃薯在世界范围内的种植区域可分为三大产区：

1. 高山地区

高山地区包括安第斯山脉、喜马拉雅山脉以及其他分布在非洲、亚洲、拉丁美洲及大洋洲的一些山区。马铃薯的发源地（南美洲的安第斯山脉地区）即属于这一类地区。具有类似条件的还有喜马拉雅山地区以及分布在亚洲、非洲和美洲的许多高原地带。高山地区气候随海拔高度而改变，多样性的气候条件决定了各地的马铃薯种植者采用的耕作方式以及作物生长期不尽相同。在海拔较低的地带，马铃薯可与其他粮食作物和园艺作物轮作；在海拔较高的地带，马铃薯和较为坚硬的谷物进行轮作，例如大麦。市场销售中为了利用季节性价格优势，多会选用冬作马铃薯（冬季播种，次年春天收获）或提前收获的还不太成熟的马铃薯。

2. 低地热带区

从巴基斯坦通过印度延伸到孟加拉国的印度恒河平原、秘鲁海岸以及墨西哥北部都属于低地热带区。低地热带地区月平均气温在10℃以上，位于巴基斯坦、印度和孟加拉国的中央平原属于这一类，其他热带马铃薯产区还有中国南方地区及古巴、埃及、秘鲁沿海和越南。尽管炎热的气候不利于马铃薯生产，但从20世纪下半叶开展的针对热带地区的新品种培育和新技术的开发，使得南亚中央平原成为马铃薯种植面积增长最快的区域，也成为世界三大马铃薯产区之一。

低地热带地区种植者一般选在

刚进入冬季时栽种马铃薯，因为这时为一年中的干燥凉爽时期。同时，多数选择在灌溉地或有充足的残留土壤湿度的地方进行种植。在生长期的大部分时间里，保持夜间20℃以下的气温对马铃薯的生长发育至关重要。在符合这种条件的地区，种植马铃薯比高山地区享有更稳定的气候类型，通常能够获得较高的产量。适宜的冬季气候，生长期较短，用水有保障，高产且高价，这些条件促使该地区的马铃薯生产迅速扩展。

低地热带地区的马铃薯虽然受气候影响较小，但是受害虫和病害的侵害却往往高于较冷的地区。收获后的高温天气又使得马铃薯贮存比较困难，很多地区只能采用在成本较高的冷库中贮存。此外，由于所处环境温度高以及昆虫的广泛性的原因，对低地热带地区的种植者来说，很难生产和贮存高质量的种薯，因此，这些地区多需从外地调入种薯。

3. 温带区

温带区包括大部分发达国家，不包括阿根廷、智利、朝鲜、韩国、土耳其北部和中国北部。世界上多数国家只属于其三大产区的一类，但部分大国，如中国则三大特色的土地兼而有之。

温带地区适合多种作物生长发育，但种植者面临冰雹、霜冻和干旱等各种恶劣天气的风险也较大。北欧、北美的发达国家和南美的阿根廷以及智利部分地区属于温带区，东亚的发展中国家如中国、朝鲜等一些耕作区可以看作是温带区，往西的伊朗和土耳其也属于温带区。在温带地区，多数种植者采用春种秋收的方式生产马铃薯。寒冷的冬季气候适于马铃薯的贮存，使得马铃薯可以度过冬春两季，甚至部分马铃薯可以贮存到第二年新马铃薯的收获时节。如果气候条件允许，马铃薯可与谷物作物轮作，一年两收，在水稻或玉米收割完毕后立刻种植马铃薯。

马铃薯栽培区划

马铃薯栽培区划是以马铃薯种植业为对象进行的单项农业区划。其任务是根据马铃薯的生态要求和地区生态环境条件，因地制宜划分马铃薯的适宜种植区。我国学者滕

13

宗璠将中国马铃薯的生产栽培区域划分为4个：北方一季作区、中原二季作区、西南一二季混作区和南方冬作区。

1. 北方一季作区

北方一季作区主要包括黑龙江、吉林、辽宁除辽东半岛外的大部、内蒙古、河北北部、山西北部、陕西北部和宁夏、甘肃、青海全部及新疆的天山以北地区。该区气候冷凉，月平均最高温度为24℃，最低平均气温为-8℃~2.8℃，全年高于5℃的积温为2000℃~3000℃，年降雨量分布不均匀，为250~1000毫米，马铃薯全年生长期在110~180天。马铃薯一年收获一次，播种时间在4月或5月初，收获时间为9月或10月初，此区域早、中、晚熟品种均可栽培。本区为我国马铃薯第二大主产区，种植面积占全国的36%左右，已成为我国主要的种薯产地和加工原料薯生产基地。

根据北方一季作区自然资源条件、种植规模、产业化基础、产业比较优势等基本条件，又可以将北方一季作区划分为三个生产优势区：

（1）东北一季区

主要包括东北地区的黑龙江和吉林二省及内蒙古东部、辽宁北部和辽宁西部，与种薯、商品薯需求量较大的朝鲜、俄罗斯和蒙古国等国接壤。本区马铃薯种植一般在4月份和5月初播种，9月份收获。影响马铃薯生产的主要因素是春旱、晚疫病、环腐病、黑胫病和病毒病。

本区市场区位优势明显，除本地作为食品、蔬菜消费和淀粉加工外，可以出口至蒙古国、朝鲜，东南亚等周边国家，还可以调运到华中、华南和华东等地。本区优先发展脱毒种薯，其次依托市场区位优势发展淀粉加工专用型和鲜食用马铃薯，是我国重要的马铃薯种薯、淀粉加工专用薯和鲜食用薯生产的优势区域。

（2）华北一季区

主要包括内蒙古中西部、河北北部、山西中北部。本区地处蒙古高原，气候冷凉，年降雨量在300毫米左右，无霜期在90~130天之间，年平均温度4℃~13℃。大于5℃积温在2000℃~3500℃之间，分布极不均匀。土壤以栗钙土为主。由于气候凉爽、日照充足、昼夜温差大，适合马铃薯生产，是我国马铃薯优势区域之一，单产提高潜力大。本区马铃薯生产一般于5月上旬播种，9月中旬收获。影响马铃薯生产的主要因素是干旱、晚疫病和病毒病。

本区靠近京津，是我国马铃薯种薯、加工用薯和鲜食用薯生产的优势区域。产业比较优势突出，生产的马铃薯除本地消费外，其余大量调运到华南、华中甚至西南、东南地区，作为种薯、薯片、薯条加工原料薯或鲜食用薯。本区利用光照强、昼夜温差大等自然条件优先发展种薯、加工专用型和鲜食出口马铃薯生产，增强生产组织化水平。

（3）西北一季区

主要包括甘肃、宁夏、新疆、陕西西北部和青海。地处高寒地区，气候冷凉，无霜期在110~180天之间，年平均温度4℃~8℃，大于5℃积温在2000℃~3500℃之间，降雨量为200~610毫米，海拔500~3600米，土壤以黄土、黄棉土、黑垆土、栗钙土、沙土为主。由于气候凉爽、日照充足、昼夜温差大，生产的马铃薯品质优良，单产提高潜力大。本区马铃薯生产为一年一熟，一般4月底5月初播种，

9~10月收获。影响马铃薯生产的主要因素是干旱少雨、种植规模小和机械化难度大。

马铃薯在本区属于主要作物，产业优势比较突出，是鲜食用薯、淀粉加工用薯和种薯生产的优势区域。生产的马铃薯除本地作为粮食、蔬菜消费、淀粉加工和种薯使用外，大量调运到中原、华南、华东作为鲜薯销售。本区利用光照强、昼夜温差大等自然条件优先发展鲜食用、淀粉加工专用和种薯用马铃薯生产，提升机械化水平和生产组织化能力。

2. 中原二季作区

中原二季作区主要包括辽宁、河北、山西三省的南部及河南、山东、江苏、浙江、安徽和江西北部、湖南和湖北东部以及广东、广西、福建北部。该区域最高月平均温度为22℃~28℃，最冷月平均温度为1℃~4℃，无霜期较长，为180~300天，年平均温度为10℃~18℃。年降雨量比较丰富，为500~1750毫米，但蒸发率也较高，淮河以北在马铃薯种植季节还需灌溉。马铃薯播种时间分为春播和秋播，马铃薯一年收获两次。春

15

播时间一般在2月末或3月初，5月末或6月中旬收获。若为催芽种薯，一般在8月进行再次种植，11月收获，部分马铃薯留作第二年的春季种薯。

本区夏季较长较热，加上区域地形比较复杂，跨纬度15°，马铃薯种植时间变化较大，生长期为180～280天。由于春、秋季节马铃薯的主要生长期只有90天左右，因此该区域适合早熟马铃薯品种或中早熟品种的栽培，但该区域气温较高、病原繁杂、留种难度大，马铃薯退化严重，所以种薯多从其他区域购买。本区马铃薯种植面积占全国的9%左右。

3. 西南一二季混作区

西南一二季混作区主要包括云南、贵州、四川、重庆、西藏等省（区、市），湖南和湖北西部地区以及陕西的安康市。该区域年平均温度为6℃～22℃，年降雨量500～1500毫米，无霜期为150～350天。该区马铃薯生产主要分布在海拔700～3000米的山区，区域内地形复杂，主要为山区和盆地，海拔高度不同，气候多样，形成了随海拔高度变化的立体种植区域。由于海

拔、地形、气候及土壤的复杂性，山区和盆地的种植制度也不同。高山地区气温较低，无霜期较短，夏天凉爽多雨，马铃薯一年种植一次，春天种植，秋天收获；在盆地及河谷地带，气温较高，无霜期较长，春天干燥，夏天较长，冬天温暖且多雨，马铃薯一年种植两次。本区是我国马铃薯面积增长最快的产区之一，种植面积占全国的51%左右。

本区马铃薯面积增加潜力大但单产不高，良繁体系规模小，缺乏种薯质量控制体系，种薯市场不活跃，晚疫病、青枯病发生严重，并有块茎蛾、癌肿病等检疫性病害和山坡地机械化困难。

本区是鲜食、加工用和种用马铃薯的优势区域。这里的马铃薯种植模式多样，一年四季均可种植，已形成周年生产、周年供应的产销格局，是鲜食马铃薯生产和加工原料薯生产的优势区。同时本区内的高海拔山区天然隔离条件好，重点发展脱毒种薯生产和提高机械化水平。

4. 南方冬作区

南方冬作区主要包括江西南部、广西、广东、福建、海南和台

湾等省（区）。此区域夏长冬短，最高月平均温度为 28℃～32℃，最低月平均温度为 12℃～16℃，全年无霜期较长，为 300～365 天，雨量充沛，年降雨量为 1000～3000 毫米，但主要集中在夏天，冬作马铃薯需要灌溉。马铃薯在南方二季作区一年种植两次，该区域马铃薯的生长周期短，在南方作区的马铃薯主要生长在相对凉爽的季节，秋季马铃薯一般于 10 月末种植，在 12 月末或 1 月初收获，而冬季马铃薯则于 1 月中旬种植，4 月初或中旬收获。本区利用水稻等作物收获后的冬闲田种植马铃薯，在出口和早熟鲜食用方面效益显著，近年来种植面积迅速扩大且有较大潜力，种植面积占全国的 4% 左右。影响和制约本区马铃薯发展的主要因素是脱毒种薯供应不足，生长前期易遭霜冻，晚疫病、青枯病发生较重。本区是我国马铃薯种植面积增长最快和增长潜力最大的地区之一。

本区是以菜用薯和鲜薯出口为主导的马铃薯生产优势区。主要依托外向型市场区位优势和国内蔬菜供应淡季优势，开发利用冬闲田，扩大鲜食马铃薯生产，保障市场供应。

马铃薯产业布局机制

马铃薯产业布局机制是指各种影响和决定马铃薯产业空间分布和组合因素的相互制约和作用的内在机理。马铃薯产业布局机制可分为两大类型：马铃薯产业布局的市场机制、马铃薯产业布局的计划机制。

马铃薯栽培结构

此处马铃薯栽培结构是指狭义的马铃薯种植制度，即与其他直接相关作物的关系，包括马铃薯间作、马铃薯套作和马铃薯轮作。

马铃薯间套作

马铃薯间作是指在同一块田地上于马铃薯生长期内，分行或分带相间种植其他作物的种植方式。马铃薯套作是在马铃薯生长后期的行间播种或移栽其他作物的种植方式。套作是充分利用当地自然资源，提高作物产量的重要途径。马铃薯

17

的生长期相对较短，在一些地区，种植两季农作物的时间不够用，种植一季农作物时土地又会闲置一段时间，合理的间作套种栽培马铃薯，可以充分利用时间、充分利用光照来增加收入。马铃薯可与多种作物进行间套作，基本原则为选择与喜温作物、生育期长的作物、高秆作物、非同源病害作物进行搭配。常见的间套作模式有：

（1）薯粮间作套种。以玉米为首，其次是高粱和甘薯，马铃薯与玉米的间作套种由于田间管理简单，农民易于掌握，因此是目前普及最广的模式之一。

（2）薯菜间作套种。可以进行间作套种的蔬菜种类很多，包括喜温的爬蔓性瓜类如南瓜、冬瓜等，直立型蔬菜如芋头、姜等，耐寒性速生蔬菜如菠菜、生菜等，还有生长期长的蔬菜如大葱、甘蓝等。

（3）果树间作套种。马铃薯可以在幼龄果树间进行套种，能够获得很好的经济效益。

马铃薯轮作

马铃薯轮作指在同一田块上有顺序地在季节间和年度间，轮换种植马铃薯和其他作物或复种组合的种植方式。马铃薯是茄科作物，轮作作物不能选择辣椒、茄子、烟草、西红柿等其他茄科作物，也不宜选择白菜、甘蓝等同源病害作物，马铃薯宜与禾谷类、豆类、棉花等作物进行轮作倒茬，既利于减少病害的发生，也利于减少杂草生长。

马铃薯生产重心

重心是力学上的概念，是指物体各部分受到的重力作用的合力点。农作物生产重心分析借用力学原理，将物理学上的重心概念延伸至农业生产的空间分析，用以研究农业生产的空间变化。马铃薯生产重心是指某个时期马铃薯产量分布在某个区域上的力矩达到平衡的点，其在不同时期的变化可以反映马铃薯生产的空间变化。

马铃薯生产重心计算公式为：

$$X_i = \frac{\sum\limits_{j=1}^{n} A_{ij} X_{ij}}{\sum\limits_{j=1}^{n} A_{ij}} \quad Y_i = \frac{\sum\limits_{j=1}^{n} A_{ij} Y_{ij}}{\sum\limits_{j=1}^{n} A_{ij}} \quad (i=1,2,\cdots,m; j=1,2,\cdots,n)$$

式中，X_i、Y_i 分别表示第 i 年马铃薯生产重心所在地理位置的经度值和纬度值，X_{ij}、Y_{ij} 分别表示第

i 年在 j 地区几何中心所在地的经度值和纬度值，A_{ij} 表示第 i 年在 j 地区的马铃薯生产规模（如面积、产量等）；n 表示研究区域划分的小区数目。

马铃薯生产重心的年际空间移动角度的公式为：

$$\theta_{(i+k)-i} = \arctan\left(\frac{Y_{i+k} - Y_i}{X_{i+k} - X_i}\right)$$

式中，$\theta_{(i+k)-i}$ 表示在第 i 年至第 "$i+k$" 年间马铃薯生产重心的年际空间移动角度；(X_i, Y_i) 和 (X_{i+k}, Y_{i+k}) 分别表示第 i 年和第 "$i+k$" 的马铃薯生产重心坐标，其中，X_i、Y_i 分别表示第 i 年研究区域马铃薯生产重心的经度和纬度。

马铃薯生产重心转移距离的计算公式为：

$$d_{(i+k)-i} = \lambda \times \sqrt{(X_{i+k} - X_i)^2 + (Y_{i+k} - Y_i)^2}$$

式中，$d_{(i+k)-i}$ 表示在第 i 年至第 "$i+k$" 年间马铃薯生产重心的年际空间移动距离；λ 为常数（$\lambda=111.111$），表示由地球表面坐标单位（度）转化为平面距离的系数。

马铃薯生产集中度

产业经济学中有产业集中度的概念，也叫市场集中度、行业集中度，是指市场上的某种行业内少数企业的生产量、销售量、资产总额等方面对某一行业的支配程度，一般是用这几家企业的某一指标（大多数情况下用销售额指标）占该行业总量的百分比来表示。

根据马铃薯产业特点和产业集中度的概念，提出马铃薯生产集中度概念，即某一区域尺度若干产区马铃薯生产规模（播种面积、产量等）占该区域尺度马铃薯生产总体规模的比例，用来表征整个马铃薯产业的生产区域布局结构集中程度。可以用来测量马铃薯生产集中度的方法和指标有很多，比如行业集中率（CRn 指数）、赫尔芬达尔—赫希曼指数（HHI，简称赫希曼指数）、洛仑兹曲线、基尼系数、逆指数和熵指数等，其中集中率（CRn）与赫希曼指数（HHI）两个指标应用最广。

马铃薯生产集中率

借鉴行业集中率（CRn）指标含义，定义马铃薯生产集中率为某一尺度区域内前 N 个最大次级区域马铃薯生产规模所占份额的总和。例如，全国区域尺度的 CR4 是指马铃薯生产规模排名前四的省份占全国马铃薯生产规模份额的总和，CR5 是指马铃薯生产规模排名前五的省份占全国马铃薯生产规模份额的总和。

马铃薯生产赫希曼指数

赫希曼指数为赫芬达尔—赫希曼指数(Herfindahl–Hirschman Index，简称 HHI）的简称，是一种测量马铃薯产业集中度的综合指数。将马铃薯生产赫希曼指数定义为马铃薯产业经营主体或所有区域马铃薯生产规模占总体比例的平方和，用来计量马铃薯生产规模份额的变化，即马铃薯生产规模的离散度。

赫希曼指数的计算方法如下：

$$HH1 = \sum_{i=1}^{N}(X_i/X)^2 = \sum_{i=1}^{N}S_i^2$$

X——马铃薯生产总规模

X_i——第 i 个马铃薯生产主体或第 i 个区域马铃薯生产规模

n——马铃薯产业内生产主体数量或区域数量

HHI 越大，表示马铃薯生产集中程度越高，垄断程度越高，该指数可以更全面地反映马铃薯生产的规模或区域结构，能更准确地反映马铃薯主产区对市场的影响程度。

马铃薯产业组织

从广义上说，组织是指由诸多要素按照一定方式相互联系起来的系统。从狭义上说，组织就是指人们为实现一定的目标，互相协作结合而成的集体或团体。经济学中的组织概念是由英国著名经济学家马歇尔首先提出的，他在1890年出版的《经济学原理》一书中把组织列为一种能够强化知识作用的新的生产要素，其内容包括企业内部组织、同一产业中各种企业间的组织、不同产业间的组织形态以及政府组织等，强调产业内企业间的市场关系和组织形态。本著作将组织界定为狭义的范畴，即人们按照一定的目的、任务和形式形成的一类行为的角色或行为的主体。马铃薯产业组织即马铃薯生产、加工、销售各个领域以及链条上的主体参与者，是马铃薯产业的基本经营者或其联合体。

马铃薯经营主体

马铃薯产业经营主体是指一切直接或者间接从事马铃薯生产、加工、销售、服务的团体和个人，包括农户、企业、一体化组织等直接经营主体和各类服务组织、合作经济组织等间接经营主体两类。

马铃薯新型经营主体

新型农业经营主体第一次正式提出是在2012年的中央农村工作会议文件中，浙江省在同年度《关于大力培育新型农业经营主体的意见》中提出："新型农业经营主体是指在家庭承包经营制度下，经营规模大、集约化程度高、市场竞争力强的农业经营组织和有文化、懂技术、会经营的职业农民。"之后2013—2018年的中央"一号文件"多次对新型农业经营主体的发展战略等提出了明确要求，各级地方政府在中央指示下开始对新型农业经营主体进行培育和推进，并出台了连续性的扶持政策对新型农业经营主体发展进行激励。关于新型农业经营主体概念的界定目前尚未形成统一的说法，学术界在研究视角上各有不同，但在其内涵和特征上形成了一定的共识。

马铃薯新型经营主体是基于家庭承包经营制度对传统的马铃薯小农经济生产组织进行升级，形成的具有相对较大的经营规模、较好的物质装备条件和经营管理水平，劳动生产、资源利用和土地产出率较高，以马铃薯商品化生产为主要目标的农业经营组织。马铃薯新型经营主体类型众多、内涵丰富，常见的有马铃薯种植大户、马铃薯家庭农场、马铃薯专业合作社和马铃薯龙头企业等，此外近年来新型职业农民、马铃薯社会化服务组织、马铃薯联合社等新兴主体也不断涌现。

马铃薯种植大户

马铃薯种植大户指以马铃薯种植为主的专业化农户，马铃薯种植规模明显大于当地传统农户，初步实现规模化经营。马铃薯种植大户没有明确的评定标准，各地差别较大，在现有的马铃薯种植大户中，有相当部分仅仅是经营规模的扩大，集约化经营水平并不高。

马铃薯家庭农场

家庭农场一词起源于欧美，在中国"家庭农场"的概念首次出现在2013年中央一号文件中，通常定义为以家庭成员为主要劳动力，从事农业规模化、集约化、商品化生产经营，并以农业收入为家庭主要收入来源的新型农业经营主体。马铃薯家庭农场是指以家庭成员为主要劳动力，从事马铃薯规模化、集约化、商品化生产经营，并以马铃薯经营收入为家庭主要收入来源的新型农业经营主体。家庭农场申请变更、备案、注销登记，应当依照其所属的市场主体类型，按照相关的法律、法规、规定以及相关指导意见的要求办理，登记机关对登记的家庭农场依法进行监督管理。

马铃薯专业合作社

我国在《中华人民共和国农民专业合作社法》中对农民专业合作社进行了简要的定义，包括两个方面的内容：一方面，从概念上规定合作社的定义，即"农民专业合作社是在农村家庭承包经营的基础上，同类农产品的生产经营者或者同类农业生产经营服务的提供者、利用者，自愿联合、民主管理的互助性经济组织"；另一方面，从服务对象上规定了合作社的定义，即"农民专业合作社以其成员为主要服务对象，提供农业生产资料的购买，农产品的销售、加工、运输、贮藏以及与农业生产经营有关的技术、信息等服务"。

马铃薯专业合作社是指从事马铃薯产品生产经营的农户自愿组织起来，在技术、资金、信息、购销、加工、储运等环节实行自我管理、自我服务、自我发展，以提高竞争能力、增强成员收入为目的的专业性经济合作组织，依照《中华人民共和国农民专业合作社法》相关规定成立，为成员提供马铃薯生产资料的购买，马铃薯产品的销售、加工、运输、贮藏以及与有关的技术、信息、网上交易等服务。

马铃薯企业

是指以盈利为目的，运用土地、劳动力、资本、技术和企业家才能等各种生产要素，向市场提供马铃薯商品或服务以换取收入，实行自主经营、自负盈亏、独立核算的法人或其他社会经济组织。马铃薯企业是马铃薯产业市场经济活动的主要参与者，存在独资企业、合伙企业和公司制企业三类基本组织形式，各种企业并存，共同构成社会主义市场经济的微观基础，其中公司制企业是现代企业中最主要、最典型的组织形式。

马铃薯产业组织

马铃薯龙头企业

马铃薯龙头企业是指从事马铃薯产业，对同行业其他企业具有很深的影响、号召力和一定的示范、引导作用，并对某地区甚至全国马铃薯产业做出突出贡献的企业，可以是从事马铃薯生产加工的企业，也可以是马铃薯中介组织和专业批发市场等流通企业。马铃薯龙头企业不同于一般的工商企业，它肩负有马铃薯开拓市场、创新科技、带动种植户和促进区域经济发展的重任，能够通过马铃薯产业的发展带动农业和农村经济结构调整，推动农业增效和农民增收。

马铃薯产业化龙头企业

马铃薯产业化龙头企业是指依法设立的以马铃薯加工或流通为主业、具有独立法人资格的企业。包括依照《公司法》设立的公司，其他形式的国有、集体、私营企业以及中外合资经营、中外合作经营、外商独资企业，直接在工商行政管理部门登记开办的农产品专业批发市场等。通过各种利益联结机制与马铃薯种植户相联系，带动种植户进入市场，使马铃薯生产、加工、销售有机结合、相互促进，在规模和经营指标上达到规定标准并经政府有关部门认定。包括国家级龙头企业、省级龙头企业、市级龙头企业、规模龙头企业，其中国家重点龙头企业由国家农业部、国家发改委、国家财政部、国家商务部、中国人民银行、国家税务总局、中国证监会、全国供销合作总社8个部门共同认定，根据全国农业产业化联席会议制定的《农业产业化国家重点龙头企业认定和运行监测管理办法》，企业经过企业申报、各地推荐、专家评审、部门审核、媒体公示等环节，达到标准，最终授牌。

马铃薯企业纵向合并

马铃薯企业纵向合并，是指处于生产经营不同阶段生产的产品或提供的功用具有内在联系的两个以上马铃薯企业间的合并，亦称马铃薯企业垂直式合并。参与合并的各家马铃薯企业，其产品相互配套或有一定的内在联系，形成供产销一条龙。这类合并的结果，往往形成一个新的供产销一条龙的企业集团，增强了企业实力。不过，大而全的马铃薯企业集团的形成，可能会因管理能力不足而丧失原有的灵活性和效率，这是合并前所必须考虑的。马铃薯企业纵向合并也可能会使一体化企业在经营的某个阶段拥有垄断力量，从而对那些独立的马铃薯企业提高投入要素的价格，并对最终产品市场实行掠夺性定价以压榨独立的马铃薯企业。

马铃薯企业创新

经济学上，创新概念起源于美籍经济学家熊彼特1912年出版的《经济发展概论》中。熊彼特在其著作中提出：创新是指把一种新的生产要素和生产条件的"新结合"引入生产体系。引申到马铃薯企业即包括五种情况，分别为引入一种新的马铃薯产品、引入一种新的马铃薯产品生产方法、开辟一个新的马铃薯产品市场、获得马铃薯产品原材料或半成品的一种新的供应来源、新的马铃薯企业组织形式。

马铃薯企业边界

马铃薯企业边界指马铃薯企业以其核心能力为基础，在与市场的相互作用过程中形成的经营范围和经营规模，其决定因素是经营效率。马铃薯企业的经营范围，即企业的纵向边界，确定了企业和市场的界限，决定了哪些经营活动由马铃薯企业自身来完成，哪些经营活动应该通过市场手段来完成；经营规模是指在经营范围确定的条件下，马铃薯企业能以多大的规模进行生产经营，等同于企业的横向边界。

科斯应用交易费用理论解释了企业边界问题，即马铃薯企业的规模边界由企业内组织追加交易的成本和通过市场组织追加这个交易的成本，以及其他马铃薯企业组织追加这个交易的成本的比较来决定。当马铃薯企业追加成本小于市场和其他马铃薯企业的追加成本时，就会由企业来追加，马铃薯企业的规模就会扩大；当由市场或其他企业追加时，该马铃薯企业的规模就不变。随着马铃薯企业追加交易活动的增加，其边际交易成本会上升。

马铃薯企业的规模取决于企业追加交易的成本等于市场或其他马铃薯企业追加交易的成本的那一点，或者说，追加交易使本马铃薯企业资源浪费带来的损失等于市场上的交易成本或另一马铃薯企业交易成本的亏损的那一点。

马铃薯企业内部市场化

马铃薯企业内部市场化是指马铃薯企业根据市场经济运行规律，模拟市场交易方式来组织马铃薯企业内部生产经营活动，充分挖掘马铃薯企业潜力，增强马铃薯企业活力，在提高马铃薯企业市场运作效率的同时提高马铃薯企业的整体经济效益。它有利于马铃薯企业提高劳动生产力、降低生产成本、推动人才流动等，对马铃薯企业的发展具有重要的作用。

马铃薯企业横向合并

马铃薯企业的横向合并亦称马铃薯企业水平式合并，指生产和销售相同或相似产品或经营相似业务的马铃薯企业间的合并。横向合并的主要目的是把一些规模较小的企业联合起来，组成马铃薯企业集团，实现规模效益；或利用现有生产设备，增加产量，提高市场占有率，与其他马铃薯企业（或企业集团）相抗衡。从整个产业看，过度的横向合并会削弱马铃薯企业间的竞争，甚至会造成少数马铃薯企业垄断市场的局面，进而降低马铃薯市场经济的效率。

马铃薯经营盈亏临界点

马铃薯经营盈亏临界点是指马铃薯经营主体收入和成本相等时的经营状态，即边际贡献等于固定成本时马铃薯经营主体所处的既不盈利又不亏损的状态。通常用一定的马铃薯经营主体业务量来表示这种状态。马铃薯经营主体盈亏临界点分析也称保本点分析。首先，它可以为马铃薯经营主体经营决策中提供在何种业务量下企业将盈利，以及在何种业务量下马铃薯经营主体会出现亏损等总括性的信息。其次，也可以提供在业务量基本确定的情况下，马铃薯经营主体降低多少成本，或增加多少收入才不至于亏损的特定经济信息。在特定情况下，还可以为马铃薯经营主体内部制定经济责任制提供依据。

马铃薯企业市场行为

马铃薯企业在充分考虑市场的供求条件和与其他企业的关系的基础上，所采取的各种决策行为，包括价格策略、产品与广告策略、研究开发、排挤竞争对手的行为及卡特尔行为、暗中默契行为等。

马铃薯科研组织

马铃薯科研组织是根据科学技术发展的特点，把马铃薯领域的人力、资金和设备科学地结合在一起，长期有组织地从事马铃薯产业技术研究与开发活动的机构。马铃薯科研组织结构可以有效地提高马铃薯科研工作效率。

国家马铃薯产业技术体系

现代农业产业技术体系是2007年，中央为全面贯彻落实党的"十七大"精神，加快现代农业产业技术体系建设步伐，提升国家、区域创新能力和农业科技自主创新能力，为现代农业和社会主义新农村建设提供强大的科技支撑，在实施优势农产品区域布局规划的基础上，由农业部、财政部依托现有中央和地方科研优势力量和资源，启动建设了以50个主要农产品为单元、产业链为主线，从产地到餐桌、从生产到消费、从研发到市场各个环节紧密衔接、服务国家目标的现代农业产业技术体系。

国家现代马铃薯产业技术体系于2008年启动建设，是以马铃薯为单元、产业链为主线，从产地到餐桌、从生产到消费、从研发到市场各个环节紧密衔接、服务国家目标的现代农业产业技术体系。国家现代马铃薯产业技术体系由产业技术研发中心和综合试验站两个层级构成，研发中心挂靠单位为中国农业科学院蔬菜花卉研究所，首任首席科学家为金黎平，下设6个功能研究室和38个综合试验站。功能研究室包括遗传改良研究室、栽培与土肥研究室、病虫草害防控研究室、机械化研究室、加工研究室、产业经济研究室，共32名岗位科

27

学家；综合试验站包括张家口综合试验站、大同综合试验站、呼伦贝尔综合试验站、呼和浩特综合试验站、乌兰察布综合试验站、本溪综合试验站、长春综合试验站、延边综合试验站、大兴安岭综合试验站、合肥综合试验站、福州综合试验站、济南综合试验站、郑州综合试验站、襄阳综合试验站、恩施综合试验站、长沙综合试验站、常德综合试验站、广州综合试验站、南宁综合试验站、重庆综合试验站、成都综合试验站、凉山综合试验站、毕节综合试验站、贵阳综合试验站、安顺综合试验站、丽江综合试验站、曲靖综合试验站、德宏综合试验站、昭通综合试验站、拉萨综合试验站、榆林综合试验站、定西综合试验站、天水综合试验站、西宁综合试验站、固原综合试验站、乌鲁木齐综合试验站、齐齐哈尔综合实验站和临夏综合实验站，覆盖了我国所有类型的马铃薯主产区。

国家现代马铃薯产业技术体系主要职能是围绕马铃薯产业发展需求，进行共性技术和关键技术研究、集成和示范；收集、分析马铃薯产业及其技术发展动态与信息，为政府决策提供咨询，向社会提供信息

服务，为用户开展技术示范和技术服务，为产业发展提供全面系统的技术支撑；推进马铃薯产学研结合，提升区域创新能力，增强我国马铃薯产业竞争力。在管理机制上，通过设立管理咨询委员会、执行专家组和监督评估委员会等，确保决策、执行和监督三个层面权责明晰、相互制约、相互协作。

国家马铃薯产业科技创新联盟

2016 年 12 月 12 日，由中国农业科学院（国家农业科技创新联盟）主办，中国农业科学院蔬菜花卉研究所承办的国家马铃薯产业科技创新联盟成立大会在北京友谊宾馆举行。中国农业科学院陈萌山书记、中国农业科学院副院长万建民院士、中国农业科学院蔬菜花卉研究所方智远院士、中国农业科学院成果转化局袁龙江局长、农业部科教司政体处李少华处长、中国农业科学院科技管理局熊明民副局长等出席了联盟成立大会。来自全国主要马铃薯科研院所、大专院校、种薯商品薯生产企业、加工企业和机械生产企业等单位的 200 余位代表

参加了会议。

国家马铃薯产业科技创新联盟是根据农业部关于推动"国家农业科技创新联盟"建设的重大布局和要求，由中国农业科学院蔬菜花卉研究所牵头，联合国家、省、地市三级农业科研院所、涉农高校、农业管理和推广部门以及相关企业共同组建，是顺应创新驱动发展战略新要求和马铃薯产业发展新需求的国家马铃薯科研联合攻关新平台，是覆盖上中下游的"一条龙"农业科研组织新模式。

中国农业科学院蔬菜花卉研究所孙日飞所长当选为联盟的首任理事长，国家马铃薯产业技术体系首席科学家金黎平当选为联盟的常务副理事长，中国农业科学院蔬菜花卉研究所的熊兴耀研究员当选为联盟的秘书长。联盟共有 14 个副理事长单位、36 个常务理事单位和 95 个理事单位，设立了由国内十位顶级专家组成的专家咨询委员会，理事会为联盟的最高决策机构，理事会下设秘书处。

国家马铃薯主食产业化科技创新联盟

国家马铃薯主食化科技创新联盟成立于 2020 年 1 月 15 日，由中国农业科学院农产品加工研究所牵头成立。联盟将通过科研单位和企业的深度合作，构建政产学研用深度融合的全链条、网络化、开放式的协同创新模式，围绕产业需求、消费者需求构建协同创新平台，开展大联合、大协作，加快科技成果的创造、转化及产业化，提升马铃薯主食产业化过程中市场主体能力。

马铃薯产业化联合体

马铃薯产业化联合体是马铃薯龙头企业、专业合作社和家庭农场等新型农业经营主体以分工协作为前提，以规模经营为依托，以利益联结为纽带的一体化农业经营组织联盟。马铃薯产业化联合体不是独立法人，一般由龙头企业牵头，多个新型农业经营主体组成。以马铃薯为主业，各参与主体保持产权关系不变，开展独立经营，在平等、自愿、互惠互利的基础上，通过平

马铃薯产业组织

等协商在马铃薯产、供、销三个阶段或某两个阶段实行联合，因此它是建立在各参与主体共同利益基础上的经济共同体，参与农业联合体的成员可以是农场、农户，也可以是非农的企业单位、事业单位或个人。

马铃薯产业化模式

产业化模式，也叫产业化经营的组织模式，是指在产业一体化组织系统内，各参与主体之间相互连接和影响所构成的一种一体化组织形态。各地生产与条件和经济发展的不平衡性决定了我国产业化组织联合模式也是多种多样的。

1. 龙头企业＋基地＋农户

龙头企业是指经济实力比较雄厚、辐射面比较广、带动力或者牵动力比较强的加工企业、销售企业或者企业集团，它是马铃薯产业化发展的关键。这种模式又叫龙头企业牵动型模式，是以经济实力较强、有辐射带动能力的马铃薯公司、马铃薯加工企业等各类经济实体为龙头，带动相关企业、马铃薯生产基地和区域马铃薯经济的发展，提高

综合比较利益，即以工业带动马铃薯产业，围绕产业办工业。其中应处理好龙头企业与农户之间的利益分配关系，切实保障马铃薯农户利益不受侵害。

甘肃省定西市安定区采取"龙头企业（公司）＋协会＋基地＋农户"的种植模式，实行"统一机械深松耕、统一供种、统一刀具消毒、统一种植模式、统一配方施肥、统一田间管理"的"六统一"标准化种植技术，同时采取"龙头企业＋运销大户＋农户"的运作模式，提高了马铃薯销售的组织化程度。

广东省惠州市按照"政府搭台、企业唱戏、农民参与"的工作思路，大力扶持"九华农贸""广兴农贸"等重点龙头企业，充分发挥它们的资金、市场和科技优势，带动了冬种马铃薯的发展，通过积极推广"公司＋基地＋农户"的生产经营模式，拓宽了冬种马铃薯销售渠道，解决了农民卖薯难的问题。

2. 产业（行业）协会＋公司＋基地＋农户

协会是企业自律性组织，它代表企业，又有别于企业。协会与政府关系密切，受政府的指导监督，

又独立于政府。协会的任务是规范行业行为，建立有序竞争，提高经济运行质量，为企业发展提供服务，包括建立马铃薯市场，提供市场信息、技术信息、人才培训、业务咨询，倡导联合经营，协助宣传促销，以及对投资项目进行论证等。

由行业(产业)协会联合生产、销售、加工公司，再辐射到千家万户，形成一个有机的整体。行业(产业)协会主要利用专业技术人员生产者以及相关单位自愿结成的专业性协会，为马铃薯商品的生产、一体化经营提供各类服务。以科技服务和市场引导为中心，以服务促联合，以联合促营销，以营销促效益。这种具有群众性、专业性、互利性和自治性的经营服务实体，日益成为马铃薯社会化、一体化的一支重要力量，有着广阔的发展前景。

3. 马铃薯批发市场 + 经销户 + 农户

这种模式是在培育和发展马铃薯商品市场，通过经销户为生产和消费架起桥梁，使农民面向市场组织生产，从而带动当地区域经济的发展和生产专业化。通过健全市场功能和规范市场行为，保护生产者、流通经营者的利益。

内蒙古乌兰察布市察哈尔右翼后旗乌兰哈达马铃薯批发市场已初步形成辐射3个盟市、20多个旗县、周边5个火车站的区域性卖方市场，2006年被农业部授予北方马铃薯定点批发市场，商品薯销往全国20多个省、自治区、直辖市和香港地区，外销蒙古国、韩国等多个国家。

马铃薯产业经营模式

我国马铃薯现在的种植经营模式主要有家庭分散经营、家庭集中经营、合作经营等形式。

1. 家庭分散经营

这是一种传统的经营方式，其仅仅是对家庭自有承包土地进行马铃薯生产的一种经营方式。这种经营方式的主体是以家庭为单位，几乎要兼顾马铃薯生产全部环节，包含了育种、种植、管理、销售甚至加工等环节。

这种经营方式的最大优点就是灵活性强、生产积极性高。缺点是能够种植马铃薯的土地没有得到充分利用，不利于马铃薯生产机械化发展，分散薯农在市场上处于弱势地位，农业经营收益被挤占。

2. 家庭集中经营的形式

是指以家庭为单位，通过集中家庭土地，土地流转的方式，获得大规模的土地从而进行相对较大规模的马铃薯生产经营加工。相对于家庭分散经营来说，家庭集中经营具有经营面积大、资本投入相对较大、高度机械化、高效率等特点。

这种方式家庭也承担了马铃薯生产的多个环节，但是与上一种生产方式最大不同的是采用了大规模的机械替代人力来实现了规模效益。存在的问题：土地使用的问题，资本投入较大，融资难度大，人力成本较高，增长较快。

3. 马铃薯合作经营

是指将从事马铃薯生产的农户资源组织起来，在技术、资金、信息、购销、加工、储运等环节实行自我管理、自我服务、自我发展，以提高竞争能力、增强成员收入为目的的经营方式，通常以合作社或者专业协会的形式存在。

这种形式最大的优点是集众人之人力物力来进行马铃薯生产，通过分工，物尽其用人尽其能，显示出一定的效率。缺点是产权集中且搭车行为严重，经营效果低下，挂牌套取扶持政策的现象严重。

马铃薯专业合作社技术效率

马铃薯专业合作社技术效率在一定程度上决定了马铃薯产业技术效率。技术效率测算主要研究方法：合作社技术效率的研究方法在学术界尚未形成成熟的方法论，但是大致可以分为参数法和非参数法。

从西部种植型马铃薯合作社的技术效率来看：

（1）合作社仍有巨大的提升潜力。西部种植型马铃薯合作社的平均技术效率为 0.603，超过一半的合作社具有较高的技术效率，但是其他合作社技术效率有待提升。

（2）六种可控要素对西部马铃薯合作社技术效率损失具有显著影响，如运营时间、专家指导、股份差异程度对马铃薯合作社的效率影响都是正面的，且影响程度较大；自然禀赋、合作社经营范围、管理层是否有激励措施则是负面影响。

马铃薯产业组织技术效率

马铃薯产业组织技术效率也称为马铃薯产业规模结构效率，是指马铃薯产业经济规模的实现程度，主要体现在产业内达到最佳经济规模企业的比重以及企业规模能力有效利用程度，既与马铃薯产业内单个经营主体的规模经济水平密切相关，也反映出产业内经营主体之间分工协作水平的程度和效率，可以通过以下三个角度来衡量：

（1）用达到或接近经济规模的马铃薯经营主体的产量占整个产业产量的比例来反映马铃薯产业内经济规模的实现程度。

（2）用实现垂直一体化的马铃薯企业的产量占流程各阶段马铃薯企业产量的比例来反映经济规模的纵向实现程度。

（3）用马铃薯产业内是否存在企业生产能力的剩余来反映马铃薯产业内规模能力的利用程度。

马铃薯产业组织

马铃薯产品生产与供给

马铃薯生产要素

生产要素是经济学中的一个基本范畴，包括人的要素、物的要素及其结合因素。马铃薯生产要素主要包括种薯、肥料、农药、农膜、农业科技与技术投入，组织管理投入和其他物质投入（包括畜力费、机械作业费、排灌费、燃料动力费和其他间接费用），劳动力和土地对马铃薯产量有重要影响，但不是直接以某个生产要素形式表现的因素（包括栽种方式、田间管理水平、资源禀赋、自然灾害和宏观政策等）。要素投入的多少直接影响了作物的单位面积产量，投入要素的价格即生产成本直接影响了总产出水平。

马铃薯播种面积

马铃薯播种面积指日历年度内收获的实际播种马铃薯的全部土地面积（耕地或非耕地），按种植季节分别统计，以每个种植季节结束调查时实际存活有马铃薯的土地面积计算，不包括调查前已经成片死亡和由于基本建设等原因而毁损的面积。统计马铃薯播种面积时应注意以下三点：

（1）凡是本年内收获的马铃薯无论是本年播种还是上年播种，都统计为当年播种面积，但不包括本年播种，下年收获的农作物面积。如广东省冬作马铃薯播种面积应统计在收获的年份，而不是播种的年份。

（2）非耕地上种植马铃薯按当地平均用种量折算播种面积，如广西在果园、林地内有套种马铃薯的情况。

（3）马铃薯与其他农作物间种的，所有作物播种面积之和只算一亩，马铃薯播种面积按实际种植比例折算，如西南地区马铃薯与玉米间作的，马铃薯播种面积应按实际占地比例进行折算。

马铃薯种植面积是自然资源禀赋、要素投入、市场需求、种植制度和政府政策等多种因素综合作用的结果。马铃薯种植区域较广，从南到北、从高海拔到低海拔均有马铃薯种植，是我国唯一能在全国各省（自治区、直辖市）种植的粮食作物，播种面积常年稳定在 1000 万亩左右的有四川省、贵州省和甘肃省。

马铃薯总产量

马铃薯总产量也称为马铃薯总收获量，是指日历年度内在马铃薯播种面积上收获的马铃薯总量。我国在统计上将城市郊区的马铃薯作为蔬菜按鲜品计算产量，其他地区的马铃薯按 5 公斤鲜薯折 1 公斤粮食计算。

马铃薯经济产量

作物经济产量是指按作物栽培目的所收获的主产品的干物质总量。马铃薯经济产量则是指在单位土地面积上，所收获的马铃薯块茎的干物质重量，体现了马铃薯的有效生产力。马铃薯产量一般直接测定的是鲜薯产量，马铃薯经济产量通过换算获取，计算公式为：

马铃薯经济产量 = 马铃薯鲜薯产量 × 干物质含量

不同马铃薯品种及栽培方式生产出的鲜薯干物质含量差异较大，早熟品种一般都在 20% 以下，甚至低到 15% 左右，陇薯 8 号、冀张薯 4 号等干物质含量可达到 30% 左右。马铃薯的折粮产量可以理解为统计意义上的马铃薯经济产量，1964 年以前按每 4 千克鲜薯折 1 千克粮食计算，从 1964 年开始改为按 5 千克鲜薯折 1 千克粮食计算。

马铃薯经济系数

马铃薯经济系数又称收获指数，是指马铃薯经济产量与生物产量的比例。一般以百分数来表示，其计算公式为：

马铃薯经济系数 = 马铃薯经济产量 / 马铃薯生物学产量 ×100%

马铃薯经济系数表征通过马铃薯生产将有机物转化成人们所需要产品的能力，经济系数愈大的马铃薯品种，愈符合人们栽培的目的。马铃薯经济系数平均能够达到70%以上，远高于小麦的0.35%、水稻的0.47%和玉米的0.35%。

马铃薯商品产量

农业商品产量是农业生产单位出售农产品的数量，是一个实物产量指标，有国家收购农产品数量、农业生产单位农业商品产量和农业部门农业商品产量三个不同计算口径的指标。

马铃薯商品产量概念侧重于体现农业生产单位农业商品产量的内涵，定义为马铃薯生产经营主体出售给其他单位和个人的马铃薯产品数量，说明马铃薯生产单位商品生产的规模和对社会贡献的大小，是研究马铃薯生产经营主体货币收入的依据。在现实生产中，马铃薯商品产量的计算有两种口径：一是所有取得货币收入的出售量都计算为马铃薯商品产量；二是达到一定规格之上的鲜食菜薯或加工专用薯出售量，规格之下的马铃薯即使作为淀粉加工原料薯出售取得一部分货币收入也不计算为马铃薯商品产

量，不同马铃薯出售用途和地区间这个规格差距比较大，比如在广东75克以上的马铃薯就可以作为鲜食菜薯出售，而在内蒙古的薯片薯条加工原料薯往往要达到150克左右。

马铃薯商品率

马铃薯商品率是指马铃薯商品产量在总产量中的比重，是衡量马铃薯产业商品化和生产水平的重要指标，其计算公式为：

马铃薯商品率 = 马铃薯商品产量 / 马铃薯总产量 ×100%。

马铃薯边际产量

马铃薯边际产量是指增加一个单位的生产要素投入所带来的马铃薯总产量的增加量。在不同的发展阶段，一定条件下马铃薯边际产量呈现递增和递减两种不同的变化规律。在马铃薯生产技术没有发生重大变化的情况下，在短期内可以把马铃薯生产要素分为固定生产要素和可变生产要素。当固定生产要素不变而可变生产要素增加时，产量

37

的变动分为三个阶段，起初随着可变生产要素增加，由于固定生产要素得到充分利用，马铃薯边际产量（即增加的产量）递增，总产量以递增的速度增加。然后，随着固定生产要素接近于充分利用，可变生产要素增加引起的产量增加仍可以是正数，但马铃薯边际产量递减，这时总产量仍在增加，但速度是递减的。最后，当生产要素得到充分利用时，可变生产要素的增加反而会使边际产量小于零，总产量绝对减少。

马铃薯生产基地

马铃薯生产基地亦称"马铃薯商品基地"，是指经过集中投资和建设所形成的商品率比较高的马铃薯产品集中生产区域，能长期稳定地向区外提供大量商品性马铃薯。马铃薯生产基地建设是发展马铃薯产业的一项重大战略措施，对实现马铃薯地域专业化生产亦具有决定意义。

建立马铃薯生产基地的条件是：自然条件、经济条件适合生产马铃薯；已有一定的马铃薯生产能力，且增产潜力较大、投资少、见效快。我国马铃薯生产基地建设还

比较滞后，建立一批马铃薯生产基地有利于充分利用当地的马铃薯生产资源，采用先进的马铃薯技术装备及科学的生产方法和管理方法，实行专业化、集约化经营，可以提高马铃薯产量和商品率。

马铃薯生产影响因素

马铃薯生产影响因素是指影响马铃薯生产的各种因素，主要包括气候条件、种植面积、要素投入、栽培模式和市场需求等。

（1）气候条件：马铃薯耐干旱、耐瘠薄、抗灾力强，全国70%的马铃薯种植分布在干旱少雨、土壤贫瘠的贫困地区，但是极其恶劣的自然条件也会对其产量造成不利影响。

（2）种植面积：一种农产品生产的总量为种植面积与单位面积产量的乘积，因此在一定的技术水平下，农产品的产量主要取决于种植面积的多少，种植面积的减少将直接导致农产品产量的减少。实质上，一种作物的种植面积，是自然资源禀赋、要素投入、市场需求、种植制度和政府政策等多种因素综合作用的结果。

（3）要素投入：主要包括化肥、机械等生产资料投入、劳动力投入、农业科技与技术投入、组织管理投入等，要素投入的多少直接影响了作物的单位面积产量，投入要素的价格即生产成本直接影响了总产出水平。

（4）栽培模式：不同的种植方式、播种密度等都会影响马铃薯的产量。

（5）其他因素：马铃薯加工能力、病虫害等因素对马铃薯生产的影响作用也不容小觑。

马铃薯单要素生产率

马铃薯单要素生产率是指某一特定生产要素对马铃薯总产量的贡献，衡量的是该要素的单位产出能力，有助于评价要素的使用效率及其动态变化，且由于这一指标在处理上比较容易，因此使用比较普及，最常见的有劳动生产率和资本生产率两个指标。

（1）马铃薯劳动生产率是指劳动者在一定时期内生产的马铃薯产品总量与相应的劳动消耗量的比值，其计算公式为：

马铃薯劳动生产率 = 马铃薯总产量 / 劳动投入量

单位时间内生产的马铃薯产品数量越多，马铃薯劳动生产率就越高。从另一个角度讲，生产单位马铃薯产品所需要的劳动时间越少，马铃薯劳动生产率就越高。

（2）马铃薯资本生产率是指一定时期内资本投入创造的马铃薯产品产出，其计算公式为：

马铃薯资本生产率 = 马铃薯总产量 / 资本投入量

马铃薯单要素生产率反映的信息比较有限，有时候甚至是片面的，不能反映多种投入要素之间的相互替代性对生产率的影响，不能全面衡量各种生产要素在马铃薯生产增长中的贡献。

马铃薯全要素生产率

关于全要素生产率的概念，当前学术界对其界定仍存在分歧。传统观点认为，全要素生产率是指某一生产单位（国家、地区、产业或企业）在特定时间段内生产的总产出与总投入之比。索洛提出"索洛剩余"的概念，后来经济学界更倾向于认为全要素生产率描述的是产出增长中不能由要素投入增长所解释的部分，反映了除要素投入之外的因素如新技术、干中学、组织管理能力等带来的产出增长部分。

将马铃薯全要素生产率定义为在一定时期内，资本、劳动、土地等传统生产要素投入之外的技术进步和企业家能力因素带来的马铃薯产出增长。马铃薯全要素生产率能够弥补单要素生产率不能全面反映经济增长过程的不足，为分析马铃薯产业经济增长的源泉开辟了新的研究领域。马铃薯全要素生产率的提升有三个来源，即效率的改善、技术进步和规模效应。

马铃薯全要素生产率在计算上是除去劳动、资本、土地等要素投入之后的"余值"，由于"余值"还包括没有识别带来增长的因素和概念上的差异以及度量上的误差，它只能相对衡量效益、改善技术进步的程度。测算方法主要有索洛余值法、随机前沿生产函数法、数据包络分析法等。

马铃薯生产技术效率

马铃薯生产技术效率是指由科技含量的提高所带来的成效，数值上表达为马铃薯实际产出和潜在的马铃薯最大产出之比，反映了马铃薯生产者对现有资源有效利用的能力，是投入的各种马铃薯生产要素综合效率的度量，理论上可以用实际观测点到生产前沿面的距离来衡量。

马铃薯生产技术效率又可以进一步分解为纯技术效率和规模效率，马铃薯生产纯技术效率反映了马铃薯生产技术是否被充分利用，例如技术更新的速度、技术推广的有效程度等；马铃薯生产规模效率反映了马铃薯生产要素投入规模是否合适，即要素投入对总要素生产率变化的影响。研究方法大致可以分为参数法和非参数法，非参数法的基础主要建立在数据包络分析方法的基础上，参数法中采用随机前沿面分析方法。

脱毒种薯推广应用率

脱毒种薯推广应用率是指马铃薯播种面积中应用脱毒种薯的面积

比例。马铃薯脱毒种薯是指经过一系列物理、化学、生物等技术措施清除薯块体内的病毒后，获得的无病毒或极少有病毒侵染的种薯。《脱毒马铃薯种薯（苗）病毒检测技术规程（NY/T 401-2000)》《马铃薯种薯（GB 18133-2012）》《马铃薯脱毒种薯生产技术规程（GB/T 29378-2012）》《马铃薯脱毒种薯贮藏、运输技术规程（GB/T 29379-2012）》等行业和国家标准对脱毒马铃薯种薯的分级体系以及马铃薯脱毒试管苗繁育，马铃薯脱毒原原种、原种和大田种薯繁育的生产技术规程、病毒检验、储藏及运输、销售、产品认证和质量监督进行了规范。

马铃薯生产决策行为

马铃薯生产决策行为是指马铃薯种植者在特定的生产条件下，如何运用自己可支配的各种生产要素以实现马铃薯生产效益最大化目的所做的一系列生产活动安排。一般而言，马铃薯生产决策行为包括马铃薯经营投入行为、种植选择行为、资源利用行为和技术应用行为等方面。马铃薯生产决策行为受自身素

质、资源禀赋、市场波动及政策等多种因素的影响，但马铃薯市场价格的波动影响则最明显最直接，直接决定了马铃薯生产者的生产要素投入行为决策，而在所有受价格影响的要素投入决策行为中，种植面积的调整又明显高于其他要素投入。因此，马铃薯生产者的生产决策行为直接决定了马铃薯的播种面积和产量。

马铃薯品种结构

马铃薯品种结构是指一个区域或经营主体种植不同马铃薯品种的比例关系，常见的马铃薯品种结构包括品种熟性结构和品种用途结构两种。根据马铃薯的生育期长短划分成极早熟、早熟、中早熟、中熟、中晚熟、晚熟、极晚熟 7 个类型，所种植的不同熟性品种面积关系构成了马铃薯品种熟性结构。根据马铃薯不同品种所适用的用途，专用型品种又成为马铃薯的一种划分方式，如鲜薯及鲜薯出口类型、专用加工类型等，在加工专用薯中又可细分为淀粉加工薯、全粉加工薯、炸条专用薯、炸片专用薯等类型，

41

所种植的不同专用用途品种面积关系构成了马铃薯品种用途结构。

马铃薯品种专用化率

马铃薯品种专用化率是指马铃薯专用品种种植面积在总面积中所占的比例。马铃薯专用品种是指通过长期选择并培育不同的马铃薯品种，使某些特征获得显著发展，从而表现出专门化生产力，专门用于各种用途的马铃薯品种，并在提供马铃薯产品时有较高经济效益的品种。

马铃薯品种从用途上一般可分为鲜食、淀粉加工、全粉加工、炸片加工、炸条加工和烧烤等类型，不同用途品种对相应特征要求不同：

（1）鲜食品种要求薯形好、芽眼浅、薯块大，粗蛋白质含量2.0%以上，炒食和蒸煮风味口感好，耐贮运。

（2）炸片加工品种要求还原糖含量低于0.4%，耐低温贮藏，浅芽眼，圆形块茎。

（3）炸条加工品种要求还原糖含量低于0.4%，耐低温贮藏，浅芽眼，长椭圆形或长圆形。

（4）淀粉加工品种要求淀粉含量在18%以上，白肉，耐贮藏。

（5）全粉加工品种要求还原糖含量低于0.4%，耐低温贮藏，浅芽眼。

马铃薯区域比较优势

比较优势是指一个生产者以低于另一个生产者的机会成本生产一种物品的能力。具体到马铃薯区域比较优势，是指某区域马铃薯生产较之其他区域资源在数量、质量、匹配、组合以及开发前景等方面具有相对优势，这种相对优势将使该区域的马铃薯产业更富有竞争能力，具有更高的资源利用效率，并使区域的总体效益保持在较高水平。马铃薯区域比较优势是自然资源禀赋、社会经济及区位条件、农业科学技术、农业种植制度以及市场需求等多种因素综合作用的结果。

农产品区域比较优势的衡量，一般主要从生产领域和贸易领域两个方面展开，但是由于有关马铃薯贸易的数据难以获得，主要考虑从生产领域方面来对马铃薯比较优势进行分析。一个地区马铃薯的单产水平反映该地区农业自然资源禀赋、各种物质投入水平和农业科技进步状况；马铃薯生产规模则反映了该地区市场需求、政策支持和种植制度状况。单产水平和生产规模相互作用所形成的综合体，则反映了马铃薯种植区域自然资源禀赋、社会经济及区位条件、农业科学技术、农业种植制度以及市场需求等因素综合作用的情况。

可以选用农作物的单产水平和生产规模作为测量区域农作物比较优势的关键因子，建立综合比较优势模型。计算公式如下：

$$AAI_{ij} = \sqrt{EAI_{ij} \times SAI_{ij}}$$

其中：

$$SAI_{ij} = \frac{s_{ij}}{s_i} / \frac{s_j}{s}$$

$$EAI_{ij} = \frac{p_{ij}}{p_i} / \frac{p_j}{p}$$

式中，i 和 j 分别表示 i 地区和第 j 种作物；s_{ij} 和 s_j 分别表示 i 地区和全国第 j 种粮食作物的种植面积，s_i 和 s 分别为 i 地区和全国所有粮食作物种植面积；p_{ij} 和 p_j 则分别表示 i 地区和全国第 j 种粮食作物的单产，p_i 和 p 分别为 i 地区和

全国所有粮食作物的单产；SAI_{ij} 和 EAI_{ij} 分别表示 i 地区和第 j 种作物的规模比较优势和效率比较优势。综合比较优势 AAI_{ij} 则由规模比较优势 SAI_{ij} 和效率比较优势 EAI_{ij} 的几何平均求得。

如果 $SAI_{ij}>1$，说明 i 地区在 j 种粮食作物生产上有效率优势，反之则缺乏效率优势；同理，若 $EAI_{ij}>1$，说明 i 地区在 j 种粮食作物生产上有规模优势，反之则缺乏规模优势。

AAI 综合了作物生产的生产规模、效率因素，全面地反映某一地区某种粮食作物生产的比较优势水平。若 $AAI_{ij}>1$，表明 i 地区 j 种粮食作物生产具有优势，其值越大，优势越强；反之若 $AAI_{ij}<1$，表明 i 地区 j 种粮食作物生产不具有优势；若 $AAI_{ij}=1$，则表示 i 地区 j 种粮食作物生产处于临界状态。

马铃薯区位商

在区域经济学中，通常用区位商来判断一个产业是否构成地区专业化部门。马铃薯区位商是指一个地区马铃薯部门的产值在地区农业总产值中所占的比重与全国马铃薯

产值在全国农业总产值中所占比重之间的比值。马铃薯区位商大于1，可以认为马铃薯产业是地区的专业化部门。马铃薯区位商越大，马铃薯专业化水平越高。如果马铃薯区位商小于或等于1，则认为该马铃薯产业是自给性部门。一个地区马铃薯专业化水平的具体计算，是以该部门可以用于输出部分的马铃薯产值与马铃薯总产值之比来衡量。地区马铃薯产业专业化系数=1-1/马铃薯区位商。利用它可以为人们发展马铃薯区域经济提供定量分析数据参考依据。

区位商又称专门化率，它由哈盖特（P. Haggett）首先提出并运用于区位分析中，在衡量某一区域要素的空间分布情况，反映某一产业部门的专业化程度，以及某一区域在高层次区域的地位和作用等方面，是一个很有意义的指标。在马铃薯产业结构研究中，运用马铃薯区位商指标可以分析区域马铃薯优势产业的状况。

解释一：所谓马铃薯区位商，是指某区域马铃薯行业就业人员数与该区域全部行业就业人员数之比和全国马铃薯行业就业人员数与全国所有行业就业人员数之比相除所得的商。

解释二：马铃薯区位商是指一个地区马铃薯部门的产值在该地区总产值中所占的比重与全国马铃薯部门产值在全国总产值中所占比重方面的比率，其表达式为：

$$LQ_{ij} = \frac{L_{ij} / \sum\limits_{j=1}^{m} L_{ij}}{\sum\limits_{i=1}^{n} L_{ij} \quad \sum\limits_{i=1}^{n}\sum\limits_{j=1}^{m} L_{ij}}$$

其中：i表示第i个地区（i=1，2，3…n）；j表示第j个行业（j=1，2，3…m）；L_{ij}表示第i个地区，第j个行业的产出；LQ_{ij}表示i地区j行业的区位商。当$LQ_{ij}>1$时，表示产品有剩余，可输出；$LQ_{ij}<1$时，表示产品不能满足。

解释三：通常用马铃薯区位商来判断马铃薯产业是否构成地区专业化部门。马铃薯区位商是指一个地区马铃薯部门的产值在地区农业总产值中所占的比重与全国马铃薯部门产值在全国农业总产值中所占比重之间的比值。马铃薯区位商大于1，可以认为马铃薯产业是该地区的专业化部门；马铃薯区位商越大，马铃薯专业化水平越高；如果马铃薯区位商小于或等于1，则认为马铃薯产业是自给性部门。

马铃薯优势区域布局

根据中国马铃薯主产区自然资源条件、种植规模、产业化基础、产业比较优势等基本条件，将中国马铃薯主产区规划为五大优势区。

（1）东北种用、淀粉加工用和鲜食用马铃薯优势区。包括东北地区的黑龙江和吉林二省、内蒙古东部、辽宁北部和西部。该区是马铃薯种薯、淀粉加工专用薯和鲜食用薯生产的优势区域，市场区位优势明显。本区优先发展脱毒种薯，其次依托市场区位优势发展淀粉加工专用型和鲜食用马铃薯。建成以种薯、淀粉加工专用薯和鲜食用薯为主导的马铃薯生产优势区。

（2）华北种用、加工用和鲜食用马铃薯优势区。包括内蒙古中西部、河北北部、山西中北部和山东西南部。该区靠近京津，是我国马铃薯种薯、加工用薯和鲜食用薯生产的优势区域，产业比较优势突出，生产的马铃薯除本地消费外，大量调运到我国其他地区或出口作为种薯、薯片薯条加工原料薯和鲜薯。本区利用光照强、昼夜温差大等自然条件，优先发展种薯、加工专用型和鲜食出口马铃薯生产，增强生产组织化水平。

（3）西北鲜食用、加工用和种用马铃薯优势区。包括甘肃、宁夏、陕西西北部和青海东部。目标是建成以鲜食用薯、淀粉加工专用薯和种薯为主导的马铃薯生产优势区。该区是鲜食用薯、淀粉加工用薯和种薯生产的优势区域。马铃薯在本区属于主要作物，产业比较优势突出，生产的马铃薯除本地作为粮食、蔬菜消费、淀粉加工和种薯用外，大量调运到中原、华南、华东作为鲜薯。本区利用光照强、昼夜温差大等自然条件，优先发展鲜食用、淀粉加工专用和种薯用马铃薯生产，增强市场流通能力和生产组织化能力。

（4）西南鲜食用、加工用和种用马铃薯优势区。包括云南、贵州、四川、重庆四省（市）和湖北、湖南二省的西部山区及陕西的安康地区。该区是鲜食、加工用和种用马铃薯的优势区域。马铃薯种植模式多样，一年四季均可种植，已形成

45

周年生产、周年供应的产销格局，是鲜食马铃薯生产的理想区域和加工原料薯生产的优势区。同时，本区内的高海拔山区，天然隔离条件好，重点发展脱毒种薯生产，建成西南地区种薯供应基地。

（5）南方马铃薯优势区。包括广东、广西、福建三省，江西南部，湖北和湖南中东部地区。该区依托外向型市场区位优势和国内蔬菜供应淡季优势，开发利用冬闲田，扩大鲜食马铃薯生产，保障市场供应。

马铃薯生产产值

马铃薯生产产值是指马铃薯生产者通过各种渠道出售马铃薯所得收入和留存的马铃薯可能得到的收入之和。其中，售出部分按实际出售收入计算，折抵租金的或以物易物的部分以所折抵金额或所交换物品的市场价格计算出售收入，留存部分（包括自食自用的、待售的、馈送他人的）按已出售产品的综合平均价格和留存数量计算价值，但如果调查期内尚未开始出售或尚未大量出售的，应按照当地马铃薯大量上市后的预计出售价格计算。

马铃薯生产成本

成本是商品经济的价值范畴，是商品价值的组成部分。人们要进行生产经营活动或达到一定的目的，就必须耗费一定的资源，其所费资源的货币表现及其对象化称之为成本。马铃薯总成本是指马铃薯生产过程中耗费的现金、实物、劳动力和土地等所有资源的成本。

马铃薯生产现金成本

马铃薯生产现金成本一般理解为会计成本，是指马铃薯生产过程中发生的全部现金和实物支出，包括直接现金支出和所消耗的实物折算为现金的支出以及过去的现金支出应分摊到当期的折旧等，自产自用的种子等生产资料按照市场价格折算为一定数额的现金。其计算公式为：

每亩现金成本 = 每亩物质与服务费用 + 每亩人工费用 + 每亩流转地租金

物质与服务费用是指在马铃薯

生产过程中直接消耗的各种农业生产资料的费用、购买各项服务的支出以及与生产相关的其他实物或现金支出。包括种子费、化肥费、农家肥费、农药费、农膜费、租赁费、燃料动力费、技术服务费、工具材料费、维修费等直接费用和固定资产折旧、税金、保险费、管理费、财务费、销售费等间接费用。

人工费用，是指马铃薯生产过程中直接使用的劳动力的成本，包括家庭用工折价和雇工费用两部分。

马铃薯土地成本

土地成本，也可称为地租。马铃薯土地成本指土地作为一种生产要素投入到马铃薯生产中的成本，包括流转地租金和自营地折租。流转地租金指生产者转包他人拥有经营权的耕地或承包集体经济组织的机动地（包括沟渠、机井等土地附着物）的使用权而实际支付的转包费、承包费（或称出让费、租金等）等土地租赁费用。自营地折租指生产者自己拥有经营权的土地投入生产后所耗费的土地资源按一定方法

和标准折算的成本，反映了自营地投入生产时的机会成本。

马铃薯生产固定成本

马铃薯生产固定成本又称马铃薯生产不变成本，是指总成本中短期内不随马铃薯产量变动而变动的那些项目，表现为一个固定金额。马铃薯生产固定成本只有在一定时期和一定业务量范围内才是固定的，这就是说固定成本的固定性是有条件的。

马铃薯生产固定成本通常可分为约束性固定成本和酌量性固定成本。

约束性固定成本：为维持马铃薯经营主体提供产品和服务的经营能力而必须开支的成本，如生产用房和机器设备的折旧、财产税、房屋租金、管理人员的工资等。由于这类成本与维持马铃薯经营主体的经营能力相关联，也称为马铃薯经营能力成本，数额一经确定，不能轻易加以改变，因而具有相当程度的约束性。

酌量性固定成本：根据经营、财力等情况确定的计划期间的预算

47

额而形成的马铃薯生产固定成本，如新产品开发费、广告费、职工培训费等，这类成本的预算数只在预算期内有效，可以根据具体情况的变化确定不同预算期的预算数，数额不具有约束性，可以斟酌不同的情况加以确定。

马铃薯生产可变成本

马铃薯生产可变成本又称马铃薯生产变动成本，是指短期内马铃薯经营主体对可变生产要素支付的成本，随着马铃薯产量的变动而变化。主要包括马铃薯种薯、肥料、农药等生产要素的支出，当一定期间的马铃薯产量增大时，这些成本支出会按一定比例相应增多。

马铃薯生产机会成本

马铃薯生产机会成本是指马铃薯生产经营主体为从事马铃薯生产而放弃另一项经营活动的机会，或利用某种生产要素取得的马铃薯经营收入而放弃的另一种收入，另一项经营活动应取得的收益或另一种收入即为正在从事的经营活动的机会成本。通过对马铃薯生产机会成本的分析，给生产经营主体提供了另一种决策思路，从而使有限的资源得到最佳配置。

马铃薯生产机会成本具有以下特征：第一，由决策者承担；第二，它是主观的，并且只存在于马铃薯决策者的头脑中；第三，它只是基于预期的；第四，由于与所放弃的选择有关，所以它永远无法实现；第五，由于马铃薯生产经营决策者的经验不能被其他人所观察到，所以不能衡量马铃薯机会成本的大小；第六，机会成本出现在做出选择的时刻。

马铃薯边际成本

马铃薯边际成本指的是马铃薯产品每增加一单位的产量所带来的总成本的增量。这个概念表明每一单位的产品的成本与总产品量有关，理论上随着马铃薯产量的增加，马铃薯边际成本会先减少后增加。与马铃薯边际产量的变化规律相对应，马铃薯边际成本变化也呈现递减和递增两种变化规律。当产量很小时，随着可变生产要素增加，产量的增加速度超过成本的增加速率，从而边际成本随着产量的增加而减少；当产量超过一定限度时，生产函数的第二个阶梯，随着固定生产要素接近于充分利用，而成本的增加速率大于产量的增加速率，边际成本随产量的扩大而递增。

马铃薯市场交易成本

罗纳德·科斯在《企业的性质》（Ronald Coase，1937 年）一书中提出了交易成本的概念。马铃薯交易成本是指马铃薯市场主体为寻找交易对象和完成交易而必须支付的成本，包括发现马铃薯交易相关信息、达成协议、签约合同、履行合同等过程涉及的成本。

马铃薯成本弹性

马铃薯成本弹性是指在技术水平和价格不变的条件下，马铃薯总产量沿扩展线的相对变动所引起的总成本的相对变动。马铃薯成本弹性大于 1 时，总产量的变化率大于成本的变化率，这时提高产量对马铃薯厂商有利。马铃薯成本弹性小

于 1 时，总产量的变化率小于成本的变化率，这时提高产量对马铃薯厂商不利。

成本弹性分为总成本弹性与平均成本弹性。

总成本弹性用来测试总成本变动对于产出变动的敏感性。设总成本函数为 $c=f(q)$，假定函数连续、可求导，则总成本弹性（用 k 表示）为：

$$k=(dc/c)/(dq/q)=(dc/dq)/(c/q)=MC/AC$$

平均成本弹性用来测试平均成本变动对于产出变动的敏感性。对应于上式总成本弹性的平均成本弹性（用 ka 表示）为：

$$k_a = \frac{d(c/q)(c/q)}{dq/q} = \frac{d(c/q)}{dq}\frac{q^2}{c} = \frac{dc/dq}{c/q} - 1 = \frac{MC}{AC} - 1 = k-1.$$

马铃薯成本最小化战略

马铃薯成本最小化战略是指利用马铃薯规模经济和制造技术的优势，大力降低生产成本以取得价格竞争优势。其技术上的体现是优化马铃薯产品设计，在生产系统采用优势制造技术，实现专业化，并降低管理费用。

马铃薯成本最小化战略的特征，就是构建的马铃薯产品概念及

其设计技术系统所形成的产品，比现有同类产品品质好、价格低，更能满足消费者的需求，其进入时间一般在产品生命周期处于成长期为宜。实施这类战略的马铃薯企业应具备的条件：有较强的设计能力，产品概念定位准确，实行规模化生产。

马铃薯经营规模

马铃薯经营规模是马铃薯生产经营过程中生产要素的聚集程度及其组合比例的数量指标，包括两个层次的意义：马铃薯生产经营要素的组合比例，即内部结构的合理性；范围数量，即占据空间的大小。衡量标准主要有：

（1）劳动力数量。即以劳动力数量作为主要指标来确定马铃薯经营规模的大小。

（2）土地数量。即以占有土地面积的大小来确定马铃薯经营规模。

（3）产品销售额。即以马铃薯产品销售额作为主要指标来确定马铃薯经营规模。

马铃薯适度规模经营

马铃薯适度规模经营是指土地、劳动力、资本、技术等各种生产要素的配置达到最优组合和有效运行，获得最佳的经济效益的状态。因土地是马铃薯生产不可替代的生产资料，故马铃薯适度规模经营在很大程度上是以土地为核心的，在现实农业生产经营活动中，由于土地供给弹性低、土地细碎化等因素，土地供给存在约束性，土地规模过于狭小会导致劳动力、机械等主要生产要素无法有效利用，肥料也存在过度投入的现象，导致生产成本居高不下，生产效率普遍偏低。

适度规模化生产是马铃薯生产组织方式未来的发展方向，通过马铃薯种植专业大户、马铃薯专业合作社、马铃薯家庭农场等形式组织马铃薯规模经营生产。

马铃薯最优规模经营

马铃薯最优规模经营是指特定目标导向下，农户在从事农业生产过程中的最优种植面积，特定目标可以是产量最大、产值最高、成本最低、耗水量最低等。马铃薯最优规模经营与马铃薯适度规模经营是有区别的，前者只强调特定目标的实现，而不鼓励资源的优化配置；后者强调通过各农业生产要素的合理配置，提高生产效率。

马铃薯规模报酬

马铃薯规模报酬是指在其他条件不变的情况下，马铃薯生产者内部各种生产要素按相同比例变化时所带来的马铃薯产量变化。马铃薯规模报酬分析的是马铃薯经营主体的生产规模变化与所引起的产量变化之间的关系。马铃薯生产者只有在长期生产内才能变动全部生产要素，进而变动生产规模，因此马铃薯生产者的规模报酬分析属于长期生产理论问题。

马铃薯生产者的规模报酬变化可以分为规模报酬递增、规模报酬不变和规模报酬递减三种情况：

（1）马铃薯产量增加的比例大于生产要素增加的比例，规模收益递增。

（2）马铃薯产量增加的比例小于生产要素增加的比例，规模收益递减。

（3）马铃薯产量增加的比例等于生产要素增加的比例，规模收益不变。

马铃薯规模报酬递增原因

马铃薯规模报酬递增有以下几个方面原因：

（1）劳动分工使马铃薯生产的专业化程度提高，从而提高劳动生产率。

（2）马铃薯资源的集约化使用，可以提高资源的使用效率，降低成本。

（3）马铃薯生产要素具有不可分性，意味着某些生产要素只有在一定的限度和范围内才能发挥最大的生产能力，生产规模较大的生产者比小规模的生产者能更有效地利用这些生产要素。

（4）马铃薯生产规模大的马铃薯厂商往往在原材料采购、分销渠道、产品运输等方面有着较强的讨价还价能力，可以以较低的价格购买原材料，建立分销渠道能力较强，单位分销成本也较低。

马铃薯产品生产与供给

马铃薯规模报酬递减原因

马铃薯规模报酬递减有以下几个方面原因：

（1）生产要素可得性的限制。随着马铃薯厂商生产规模的逐渐扩大，由于地理位置、原材料供应、劳动力市场等多种因素的限制，厂商在生产中需要的要素投入不能得到满足。

（2）生产规模较大的马铃薯厂商在管理上效率会下降，如内部的监督控制机制、信息传递等，容易错过有利的决策时机，使生产效率下降。

马铃薯产业规模经济

马铃薯产业规模经济是指马铃薯产业大规模生产带来的经济效益，指在一定的产量范围内，随着马铃薯产量的增加，马铃薯产品生产平均成本不断降低的现象。马铃薯产业规模经济是由于在一定的产量范围内，固定成本可以认为变化不大，那么新增的产品就可以分担更多的固定成本，从而使总成本下降。

一般来说，当马铃薯经营主体规模较小时，存在规模经济；随着经营规模超过一定点，规模经济消失，转向规模报酬不变；进而，规模报酬递减，进入规模不经济阶段。

马铃薯成本效益分析

马铃薯成本效益分析是通过比较马铃薯项目的全部成本和效益来评估项目价值的一种方法，作为一种经济决策方法，寻求在马铃薯项目投资决策上如何以最小的成本获得最大的收益。

马铃薯成本效益分析法的基本原理是：针对某项马铃薯支出目标，提出若干实现该目标的方案，运用一定的技术方法，计算出每种方案的成本和收益，通过比较方法，并依据一定的原则，选择出最优的马铃薯决策方案。

马铃薯经营成本控制

马铃薯经营成本控制是指以马铃薯生产成本作为控制的手段，通过制定成本总水平指标值、可比产品成本降低率以及成本中心控制成本的责任等，达到对马铃薯生产经营活动实施有效控制目的的一系列管理活动与过程。

在激烈竞争的经济环境下，成本控制成为每个马铃薯经营主体关注的焦点问题。如何科学分析马铃薯经营主体的各项成本构成及影响利润的关键要素，找到成本控制的核心思路和关键环节，使马铃薯经营主体更好地应对竞争压力下的成本控制问题是一个亟待解决的问题。马铃薯成本控制绝对不仅仅是单纯的压缩成本费用，它需要与宏观经济环境、企业的整体战略目标、经营方向、经营模式等有效结合，需要建立起科学合理的成本分析与控制系统，让马铃薯经营主体的管理者全面、清晰地掌握影响公司业绩的核心环节，全面了解企业的成本构架、盈利情况，从而把握正确的决策方向，从根本上改善马铃薯经营主体成本状况，真正实现有效的成本控制。

马铃薯生产会计利润

马铃薯生产会计利润即一般意义上的净利润，是指马铃薯产品产值减去生产过程中投入的现金、实物、劳动力和土地等全部生产要素成本后的余额，反映了生产中消耗的全部资源的净回报。其计算公式为：

净利润 = 产值合计 － 总成本

马铃薯生产经济利润

在产业经济分析中，经常关注经济利润这个指标，马铃薯生产经济利润概念规范表述为马铃薯生产主体的收益与成本之差，但其中的成本是包含机会成本的隐性成本。马铃薯生产经济利润有别于马铃薯生产会计利润，在马铃薯生产会计利润的计算中只考虑生产经营中实际发生的现金成本，没有考虑马铃薯隐性成本，而在经济分析中提到马铃薯利润时，是指马铃薯厂商获得的所有收益中扣除土地、劳动、资本等所有生产要素的全部机会成本之后的剩余，在会计记录中体现不出来。

马铃薯经营正常利润

马铃薯经营正常利润通常是指

马铃薯产品生产与供给

53

马铃薯生产经营主体对自己所提供的管理才能所支付的报酬，经济学中马铃薯正常利润是生产成本的一部分，被归入马铃薯经济成本（隐性成本）之中。

马铃薯产品市场与需求

马铃薯市场容量

马铃薯市场容量是指在一段时间内、特定区域市场中消费者有购买力支撑的，对马铃薯产品现实的和潜在的市场总需求量。马铃薯市场容量是马铃薯产业经济增长的第一因素和客观原动力，有市场容量，可以自然拉动行业投资和产业发展；没有市场容量，仅仅依靠生产效率来推动马铃薯产业经济增长，就蕴藏着经济失调的巨大风险。

马铃薯市场结构

市场结构是构成一定系统的诸要素之间的内在联系方式及其特征。在产业组织理论中，产业的市场结构是指市场主体交易关系、竞争关系、合作关系、市场关系的特征和形式，作为市场构成主体的买卖双方相互间发生市场关系的情形包括四种情况：卖方（企业）之间的关系；买方（企业或消费者）之间的关系；买卖双方相互间的关系；市场内已有的买方和卖方与正在进入或可能进入市场的买方、卖方之间的关系。上述关系在现实市场中的综合反映就是市场的竞争和垄断关系。市场结构就是一个反映市场竞争和垄断关系的概念。市场结构是决定市场的价格形成方式，从而决定产业组织竞争性质的基本因素。依照市场上厂商的数量、厂商所提供产品的差异、对价格的影响程度以及进入障碍等特点，一般将一个行业的市场结构划分为完全竞争、垄断竞争、寡头垄断和完全垄断四种类型。

马铃薯市场结构定义为马铃薯行业内部买方和卖方的数量及其规模分布、产品差别的程度和新经营主体进入该行业的难易程度的综合状态，也可以说是马铃薯市场中各种要素之间的内在联系及其特征，包括马铃薯产品市场供给者之间

55

（包括替代品）、需求者之间、供给和需求者之间以及市场上现有的供给者、需求者与正在进入马铃薯行业的供给者、需求者之间的关系。

依据马铃薯行业内部生产者数目、各生产者的产品产别程度和进入障碍的大小，马铃薯行业内各产业环节可以分为三种类型的市场结构：

（1）完全竞争市场。马铃薯种植业基本属于完全竞争市场，马铃薯生产者数目众多，每个生产者所提供的产量相对于市场规模而言只占很小的份额，马铃薯产品同质性、替代性很强，并且进入和退出自由，每个生产者面临既定的马铃薯市场价格，单个生产者马铃薯产量变化不会对市场价格造成影响。

（2）垄断竞争市场。马铃薯种薯行业和低端加工品行业基本属于垄断竞争市场，存在许多卖方，垄断竞争者在市场上竞争，生产有差异的产品，这个市场容易进入，但每个企业通过使自己的马铃薯产品有差异来形成它自己的个人垄断，如果能使自己的商品足够与众不同，它就能成为唯一的卖方，并在局部市场形成一定垄断者的市场能力。

（3）寡头垄断市场。马铃薯冷冻薯条、薯片等高端加工品行业属于寡头垄断市场，只有少数几个生产厂商，通常受到进入壁垒的保护，产品或是标准化的，或是有差异的。

马铃薯可竞争市场

完全竞争市场是一种完美的市场结构，但在实际生产中其条件很难完全达成，因此提出马铃薯可竞争市场概念来描述马铃薯种植业。马铃薯可竞争市场是指来自潜在马铃薯进入者的压力，对现有马铃薯经营主体的行为施加了很强约束的那些马铃薯市场。在这一马铃薯市场上，不存在严重的进入障碍。马铃薯完全可竞争市场是马铃薯可竞争市场的极限情形，它是指一个进入绝对自由、退出绝对无成本的马铃薯市场。这里的"进入自由"，不是说进入没有成本，而是说相对于在位者而言，进入者没有生产技术上或者产量方面的劣势。简言之，马铃薯完全可竞争性的条件是不存在针对进入者的成本歧视。马铃薯完全可竞争市场是马铃薯可竞争性理论分析产业结构和行为绩效特征的基准。

在马铃薯完全可竞争市场，由于进入和退出没有障碍，潜在进入者可以采用"打了就跑"的策略。如果现有马铃薯经营主体的定价行为提供了一个利润机会，潜在进入者就会迅速进入，并在马铃薯经营主体做出价格反应时毫发无损地退出。为使进入者不再有盈利机会，完全可竞争的马铃薯产业均衡必须具备无超额利润、有效率定价等特征。不论马铃薯市场上是只有一个马铃薯经营主体还是有许多竞争活跃的马铃薯经营主体，马铃薯完全可竞争市场总是具有这些特征，因为是来自潜在进入者的潜在竞争，而不是现有马铃薯经营主体之间的竞争，对马铃薯市场中马铃薯经营主体的均衡行为产生有效约束。

马铃薯可竞争性理论假定这些潜在进入者：

（1）与市场中的马铃薯经营主体一样，能不受限制地获得相同的马铃薯生产技术，为同一马铃薯市场提供服务。也就是说，潜在进入者不存在技术上的劣势，也不必承担额外的进入成本。

（2）潜在进入者暂时把在位马铃薯企业的价格视为不变的，并用进入发生之前在位者的价格计算进入利润。潜在进入者的这些行为特征是马铃薯完全可竞争市场运行的关键所在，只有在进入没有什么不利，而退出又没有什么损失时，这些行为才是合理的。并且，"打了就跑"的策略方为有效。值得注意的是，在这种情况下，马铃薯产业结构的决定与策略行为无关，仅仅由外生的需求和生产技术决定。

马铃薯市场分工

马铃薯市场分工是指马铃薯产业各主体通过马铃薯相关商品交换相联系形成的社会分工，是马铃薯产业不同部门之间和各部门内部的分工。如马克思所说，社会分工使得各生产者的产品都作为商品而存在，分工之间的联系以商品买卖为媒介，分工以生产资料分散在不同的商品生产者之间为前提。

马铃薯替代品

马铃薯替代品是指可以与马铃

57

薯相互替代来满足同一种需求的商品，比如，作为主食产品时，马铃薯与其他粮食就互为替代品，作为蔬菜时与其他大多数蔬菜也互为替代品。

马铃薯互补品

马铃薯互补品是指与马铃薯共同满足同一种需求的商品，比如，马铃薯作为配菜时与肉类多为互补品，当需求是土豆炖牛腩时，马铃薯与牛肉就是互补品，当需求是青椒土豆片时马铃薯与青椒就是互补品。

马铃薯替代效应

马铃薯替代效应是指在实际收入不变的情况下，马铃薯价格变化对其替代品需求量的影响。例如，若马铃薯和葱头互为替代品，如果马铃薯的价格上涨，而葱头的价格不变，那么相对于马铃薯而言，葱头的价格在下降，消费者就会用葱头来代替马铃薯，从而减少对马铃薯的需求。这种由于马铃薯价格上升而引起的其他商品取代马铃薯的现象就是马铃薯替代效应。马铃薯

替代效应使马铃薯价格上升时商品需求量减少。

马铃薯收入效应

马铃薯收入效应是指在其他所有商品名义价格和名义收入不变的条件下，马铃薯价格变化导致消费者实际收入变化引起的马铃薯消费量变化。按照一般商品需求规律，如果马铃薯价格上涨，而消费者的货币收入不变，那么就意味着消费者的实际收入相对于马铃薯商品价格的上升而言在减少，使购买能力下降，从而减少马铃薯的需求；反之，如果马铃薯价格下降，而消费者的货币收入不变，那么就意味着消费者的实际收入相对于马铃薯的价格下降而言在增加，购买能力在增强，从而对这种商品的需求会增加。这种当马铃薯价格上升（下降）而引起实际收入减少（增加）导致马铃薯需求量减少（增加）的现象就是马铃薯收入效应。

吉芬之谜

吉芬之谜也被称作"吉芬效应"

或"吉芬悖论",是指一种商品的需求量与价格呈同方向变化的违反需求规律的现象,此现象的发现发端于马铃薯。英国经济学家和统计学家 R. 吉芬于 19 世纪发现,在 1845 年爱尔兰发生的灾荒中,土豆因歉收导致价格上涨,但其需求量非但没有下降反而增加了,这一经济现象在当时被称为"吉芬悖论"或"吉芬之谜"。此后,诸如此类需求量与价格呈同方向变动的特殊商品被通称为吉芬商品。

现代西方经济学的替代效应和收入效应理论对这一现象作出了解释,即吉芬商品是一种特殊的低档商品。所谓低档商品指需求量与收入呈反方向变动的商品。具体地讲,当吉芬商品的价格发生变化时,由替代效应导致的该商品的需求量变化与价格变化呈反方向的关系,但由收入效应导致的该商品的需求量变化与价格变化却呈同方向的关系。吉芬商品作为低档商品中的一种特殊商品,其特殊性就在于它的收入效应的作用很大,以至于超过了替代效应的作用,从而使得价格变化所导致的该商品的需求量变化的总效应与价格呈同方向的变动,即吉芬商品的需求量与价格呈同方向的变化。事实上,在 19 世纪中叶的爱尔兰,购买土豆的消费支出在大多数贫困家庭的收入中占了较大的比例,于是土豆价格的上升导致这些家庭实际收入水平大幅度下降。在这种情况下,变得更穷的人们不得不大量地增加对低档商品土豆的购买,这样形成的收入效应相当大,它超过了替代效应,造成了土豆的需求量随着土豆价格上升而增加的特殊现象。正因为如此,吉芬商品的需求曲线的斜率为正,是一条向右上方倾斜的曲线,它属于需求曲线的特殊情况。

马铃薯营销渠道

马铃薯营销渠道是由马铃薯供应商、生产者、批发商和零售商所组成的一种统一的联合体。马铃薯营销渠道的流程包括实物流程(物流)、所有权流程、付款流程(支付流)、信息流程以及促销流程,主要包括马铃薯批发商、马铃薯零售商(无店铺零售、店铺零售)、马铃薯代理商等环节,马铃薯营销渠道系统创造的资源对马铃薯生产经营主体的发展有弥补作用。

马铃薯产品差别

马铃薯产品差别指同一种马铃薯产品在质量、外形、包装、品牌、服务等方面的细微差别。它是马铃薯企业实现产品差别化最具竞争力的工具。马铃薯企业发展新产品的方法是保持与顾客的紧密联系。

例如，同样的马铃薯商品，质量高低不同，品质不同，品牌不同，口感不同，放在不同商店出售，这些都属于马铃薯的产品差别。产品差别的概念是美国经济学家张伯伦在1933年出版的《垄断竞争理论》一书中提出来的。这个概念在市场结构分析中至关重要，也是企业竞争战略、市场营销等实用性学科的理论基础。

张伯伦强调，有产品差别就会引起垄断，因为有差别的产品可以用自己的产品特色垄断一部分消费者，即垄断自己的目标客户。张伯伦还指出，产品差别越大，垄断程度就越高。因此，在划分马铃薯市场结构时还要考虑马铃薯产品差别。一个市场马铃薯产品差别越小，其竞争程度越高；反之，马铃薯产品差别越大，其垄断程度越高。

马铃薯产品生命周期

马铃薯产品生命周期是指马铃薯产品的市场寿命，即一种新马铃薯产品从开始进入马铃薯市场到被市场淘汰的整个过程。美国经济学家雷蒙德·弗农认为：产品生命是指市场上的营销生命，产品和人的生命一样，要经历形成、成长、成熟、衰退这样的周期。就马铃薯产品而言，也就是要经历一个开发、引进、成长、成熟、衰退的阶段。而这个周期在不同技术水平的国家里，发生的时间和过程是不一样的，存在一个较大的差距和时差。正是这一时差，表现为不同国家在马铃薯技术上的差距，它反映了同一马铃薯产品在不同国家市场上的竞争地位的差异，从而决定了马铃薯国际贸易的变化。

马铃薯产品阶段

马铃薯产品可分为以下几个时期：

（1）引入期：指马铃薯产品从设计投产到投入市场进入测试阶段。新马铃薯产品投入市场，便进入了介绍期。此时马铃薯产品品种少，顾客对马铃薯产品还不了解，除少数追求新奇的顾客外，几乎无人实际购买该马铃薯产品。生产者为了扩大销路，不得不投入大量的促销费用，对马铃薯产品进行宣传推广。该阶段由于马铃薯产品生产技术方面的限制，马铃薯产品生产批量小、制造成本高、广告费用大，马铃薯产品销售价格偏高，销售量极为有限，马铃薯企业通常不能获利，反而可能亏损。

（2）成长期：当马铃薯产品进入引入期，销售取得成功之后，便进入了成长期。成长期是指马铃薯产品通过试销效果良好，购买者逐渐接受该马铃薯产品，产品在市场上站住脚并且打开了销路。这是马铃薯需求增长阶段，需求量和销售额迅速上升。马铃薯生产成本大幅度下降，利润迅速增长。与此同时，竞争者看到有利可图，将纷纷进入市场参与竞争，使同类马铃薯产品供给量增加，价格随之下降，马铃薯企业利润增长速度逐步减慢。

（3）成熟期：指马铃薯产品走入大批量生产并稳定地进入市场销售。经过成长期之后，随着购买马铃薯产品人数的增多，马铃薯市场需求趋于饱和。此时，马铃薯产品普及并日趋标准化，成本低而产量大。销售增长速度缓慢直至转而下降，由于竞争的加剧，导致同类马铃薯产品生产企业之间不得不在马铃薯产品质量、规格、包装服务等方面加大投入，在一定程度上增加了成本。

（4）衰退期：指马铃薯产品进入了淘汰阶段。随着技术的发展以及消费习惯的改变等原因，某些马铃薯产品的销售量和利润持续下降，某些马铃薯产品在市场上已经老化，不能适应市场需求，市场上已经有其替代或升级的马铃薯产品出现，足以满足消费者的需求。此时成本较高的某些马铃薯企业就会由于无利可图而陆续停止生产，该类马铃薯产品的生命周期也就陆续结束，以致最后完全撤出市场。

马铃薯供求定律

马铃薯供求定律是马铃薯市场

马铃薯产品市场与需求

价格变化的基本规律。当马铃薯需求变化率大于供给量变化率时，马铃薯价格上升；当马铃薯需求变化率小于供给量变化率时，马铃薯价格下降。马铃薯需求的变动方向与马铃薯市场价格变动方向相同；马铃薯供给量的变动方向与马铃薯市场价格变动方向相反。

用数学公式表示马铃薯供求定律如下：

$$dP/P=dm/m-dQ/Q$$

P 表示马铃薯市场价格，m 表示马铃薯需求，Q 表示马铃薯供给量。

分类：

（1）如果马铃薯供给量不变

马铃薯需求增加使马铃薯需求曲线向右上方移动，马铃薯市场价格上升；马铃薯需求减少使马铃薯需求曲线向左下方移动，马铃薯市场价格下降。

注意：马铃薯供求定理不是马铃薯供给定理和马铃薯需求定理的总和。马铃薯供求定理表明的是马铃薯供求变动对马铃薯市场价格的影响，而马铃薯供给定理和马铃薯需求定理表示马铃薯供给量变化对马铃薯商品价格影响及马铃薯商品价格变化对马铃薯需求量的影响。

（2）如果马铃薯需求不变

马铃薯供给量增加使垂直的马铃薯供给量线向右移动，马铃薯市场价格下降；马铃薯供给量减少使垂直的马铃薯供给量线向左方向移动，马铃薯市场价格上升。马铃薯需求的变动引起马铃薯市场价格同方向变动，马铃薯供给的变动引起马铃薯市场价格反方向变动。

马铃薯主体市场战略

马铃薯主体市场战略是指马铃薯经营主体在复杂的市场环境中，为达到一定的营销目标，对马铃薯市场上可能发生或已经发生的情况与问题所做的全局性策划。

马铃薯产业市场战略按内容可分为：

（1）马铃薯市场渗透战略。这种战略的目的在于增加老产品在原有马铃薯市场上的销售量。即马铃薯企业在原有产品和市场的基础上，通过提高马铃薯产品质量、加强广告宣传、增加销售渠道等措施，来保持老用户，争取新用户，逐步扩大马铃薯产品的销售量，提高原有马铃薯产品的市场占有率。

（2）马铃薯市场开拓战略。又称马铃薯市场开发战略。它包括两个方面的内容，一是给马铃薯产品寻找新的细分市场；二是马铃薯企业为老产品寻找新的用途，在传统市场上寻找、吸引新的消费者，扩大马铃薯产品的销售量。

（3）马铃薯市场发展战略。又称马铃薯新产品市场战略。马铃薯企业为了保持市场占有率，取得竞争优势，并不断扩大马铃薯产品销售，就必须提高马铃薯产品质量，改进产品，刺激、增加需求。

（4）马铃薯混合市场战略。为了提高竞争力，马铃薯企业不断开发新的产品，并利用新的产品开拓新的马铃薯市场。

马铃薯主体市场战略按产品在市场上的寿命周期，可划分为导入期产品的市场战略、成长期产品的市场战略、成熟期产品的市场战略和衰退期产品的市场战略。

马铃薯技术开发

马铃薯技术开发是新的科研成果被应用于马铃薯新产品、新材料、新工艺的生产、实验过程。其特点是试验性强、时间较短、风险性较小、所需费用较大。按开发的范围有国内技术开发、国外技术引进，按开发的内容有马铃薯产品开发、工艺开发、资源开发等。马铃薯技术开发是把科学技术转化为马铃薯生产力的必要步骤，是指利用从马铃薯研究和实际经验中获得的现有知识或从外部引进技术，为生产新的马铃薯产品、装置，建立新的工艺和系统而进行实质性的改进工作。

马铃薯技术开发与马铃薯技术创新没有本质的区别。马铃薯技术创新是与新技术的研发、生产以及商业化应用有关的马铃薯经济技术活动。它们关注的不仅仅是一项马铃薯新技术的发明，更重要的是要将马铃薯技术发明的成果纳入经济活动中，形成商品并打开市场，取得经济效益。

马铃薯技术开发与技术创新应处理好的几个关系：

1. 技术创新与科研管理的关系

在马铃薯技术创新过程中必须理清技术创新与科研管理的关系：

（1）马铃薯技术创新必须建立在马铃薯企业现有技术基础上，如何确定技术创新定位是与企业发展战略直接相关的，也是该技术开发成功的关键。

（2）马铃薯科研管理必须严格控制技术创新带来的随意性和不可预见性。

（3）马铃薯技术创新必须建立在规范化科研管理的基础上。

2.马铃薯技术创新与面向市场的关系

（1）马铃薯技术开发要面向市场，有市场需求才有新技术、新产品的存在空间。

（2）马铃薯在技术开发创新立项之前，要调动一切信息渠道了解当前市场的需求，并预测一定量的市场需求超前发展的余量。

（3）在技术开发过程中，应跟踪马铃薯市场需求的变化，所有的开发与研制过程都必须随市场的变化而做相应的调整。

（4）如果有可能的话，也可以在充分预测和论证的基础上，通过技术开发与创新创造马铃薯市场，引导消费者的需求走向。

3.马铃薯系统最优和局部最优的关系

在进行技术开发创新决策时，应综合分析和考虑马铃薯市场需求、技术储备、资金状态、设备状态以及开发周期等重要因素，尽可能在当前情况下进行马铃薯系统综合考虑，尽可能做到整个企业系统最优。

马铃薯存货

马铃薯存货是指马铃薯经营主体在日常活动中持有以备出售的马铃薯产成品或商品、处在生产过程中的马铃薯在产品、在生产过程或提供马铃薯劳务过程中耗用的材料或物料等，包括各类材料、在产品、半成品、产成品或库存商品以及包装物、低值易耗品、委托加工物资等。

一般情况下，马铃薯企业的存货包括下列三种类型的有形资产：

（1）在正常经营过程中存储以备出售的马铃薯存货。这是指马铃薯企业在正常的过程中处于待销状态的各种物品，如马铃薯加工企业的库存产成品及商品流通企业的马铃薯库存商品。

（2）为了最终出售正处于生产过程中的马铃薯存货。这是指为了最终出售但目前处于生产加工过程中的各种马铃薯物品，如马铃薯加工企业的在产品、自制半成品以及委托加工物资等。

（3）为了生产供销售的马铃薯商品或提供服务以备消耗的存货。这是指马铃薯企业为生产产品或提供劳务耗用而储备的各种原材料、燃料、包装物、低值易耗品等。

马铃薯存货的分类

马铃薯存货按其经济内容分类可分为：

（1）马铃薯原材料。它是指马铃薯企业在生产过程中经加工改变其形态或性质并构成产品主要实体的各种原料及主要材料、辅助材料、燃料、修理用备料（备品备件）、包装材料、外购半成品（外购件）等。

（2）马铃薯在产品。它是指在马铃薯企业尚未加工完成，需要进一步加工且正在加工的马铃薯在制品。

（3）马铃薯半成品。它是指马铃薯企业已完成一定生产过程的加工任务，已验收合格入库，但需要进一步加工的马铃薯中间产品。

（4）马铃薯产成品。它是指马铃薯企业已完成全部生产过程并验收合格入库，可以按照合同规定的条件送交订货单位，或可以作为马铃薯商品对外销售的产品。

（5）马铃薯商品。它是指马铃薯商品流通企业外购或委托加工完成验收入库用于销售的各种马铃薯商品。

（6）马铃薯周转材料。它是指马铃薯企业能够多次使用、逐渐转移其价值仍保持原有形态，不确认为固定资产的材料，如包装物和低值易耗品。

（7）马铃薯委托代销商品。它是指马铃薯企业委托其他单位代销的马铃薯商品。

马铃薯存货按其存放地点分类可分为：

（1）马铃薯库存存货。它是指已验收合格并入库的各种马铃薯存货。

（2）马铃薯在途存货。它是指货款已经支付，正在途中运输的马铃薯存货，以及已经运达企业但尚未验收入库的马铃薯存货。

（3）马铃薯加工中存货。它是指马铃薯企业正在加工的存货和委托其他单位加工的存货。

马铃薯存货一般具有以下特点：

（1）马铃薯存货是有形资产，这一点有别于无形资产。

（2）马铃薯存货具有较强的流动性。在马铃薯企业中，存货经常处于不断销售、耗用、购买或重置中，具有较快的变现能力和明显的流动性。

（3）马铃薯存货具有时效性和发生潜在损失的可能性。在正常的经营活动下，马铃薯存货能够规律地转换为货币资产或其他资产，但长期不能耗用的马铃薯存货就有可能变为积压物资或不得不降价销售，从而造成马铃薯企业的损失。

马铃薯产品营销

马铃薯产品营销是指马铃薯经营组织发现或发掘准消费者需求，让消费者了解其马铃薯产品进而购买该产品的过程，主要是指营销人员针对市场开展马铃薯经营活动、销售行为来实现马铃薯产品从生产者到消费者转移的过程。

马铃薯产品营销基本理念包括

无差异营销和差异化营销两种。马铃薯无差异营销的观念表现为马铃薯经营主体在市场细分之后，不考虑各自市场的特征，而是注重子市场的共性，决定只推出单一产品，运用单一的市场营销组合，力求在一定程度上适合尽可能多的顾客的需求。差异化市场营销的观念表现为马铃薯经营主体决定同时为几个子市场服务，设计不同的产品，并在渠道、促销和定价方面都加以相应的改变，以适应各个子市场的需要。

马铃薯需求

马铃薯需求是指人们在某一特定的时期内，在各种可能的价格下愿意并且能够购买马铃薯产品的需要，主要是有购买欲望或者购买力的时候产生的一种意向，以欲望为中心。马铃薯需求的变动由马铃薯产品价格以外的其他因素引起，比如消费者收入水平的变动、相关商品的价格变动、消费者偏好变化和消费者对商品的价格预期变动等，在关系图上表现为需求曲线的平行移动。

马铃薯需求量

马铃薯需求量是指消费者在一定时期，在一定的价格水平下，愿意并且能够购买的马铃薯商品的数量，指马铃薯的有效需求，在外力影响大的时候会直接或者间接的产生实际购买行为。马铃薯需求量的变动由马铃薯产品的价格变动所引起，表现为一条需求曲线上不同点之间的关系。

马铃薯需求定律

在其他条件不变的情况下，马铃薯产品的需求量与其价格之间呈反方向变动的关系，马铃薯产品需求量随着其价格上涨而减少，随着其价格下降而增加。马铃薯产品价格之外的其他条件不变是马铃薯需求定理成立的基本前提，即影响需求的其他因素不变，离开了这一前提，马铃薯需求定律就可能无法成立，而表现为吉芬商品的特征。

马铃薯消费量

马铃薯消费量是指人们在一定时期内消费马铃薯产品的数量，从消费主体来看，可分为马铃薯社会消费量和马铃薯个人消费量。马铃薯社会消费量是全社会在一定时期内所消费的马铃薯原料及产品的总和，是反映马铃薯消耗总量的重要指标。马铃薯个人消费量是社会个体在一定时期内所消费马铃薯产品的数量，反映了社会个体在全社会中消费水平的高低。

马铃薯消费利用方式

马铃薯消费利用方式是指消费者消费马铃薯所采取的方法、途径和形式，主要说明在一定的环境制约下，消费者对马铃薯是如何进行消费使用的。按照马铃薯消费利用方式的不同，可将马铃薯的消费划分为五类：作为粮食或蔬菜直接食用、饲养动物、加工用薯、种用薯以及其他用途。

1. 食用

在我国，马铃薯主要以鲜食为主，多数地区为蔬菜鲜食，少数地区作为主食直接食用。马铃薯的消费主要体现为鲜薯消费和马铃薯制成品的食用消费，其中鲜薯消费主要通过超市、蔬菜店、蔬菜市场以"活薯"的形式作为蔬菜食用。而制成品消费则主要通过加工厂烹调加工，以"制品"的形式为人们食用，如薯片、油炸马铃薯及沙拉等快餐点心。

2. 饲用

马铃薯既可当粮又可当菜，除供人们鲜食外，马铃薯还是优质的饲料，可直接用于喂养动物。其茎叶所含氮、磷、钾均高于紫云英，是很好的绿肥。马铃薯亩产的饲料单位和可消化的蛋白分别比玉米高出26.8公斤和0.62公斤。

3. 加工

马铃薯除作为人、畜的粮食和作为蔬菜鲜食外，其加工用途非常广泛，可以加工出马铃薯淀粉、马铃薯全粉等初级产品，以此为原料又可以生产酒精、葡萄糖、饴糖、变性淀粉等，在医药、化工、食品、造纸行业中具有重要的作用。马铃薯本身还可以加工出各种各样的食品以丰富市场供应，提高马铃薯利用价值。在西欧国家，约20%～50%的马铃薯用于加工产品生产。在我国，随着人们生活水平的提高，我国的食品结构不断升级，受多元文化影响，马铃薯加工品在我国备受欢迎，同时由于产业链条的不断延伸，马铃薯加工品越来越多样化，其需求量也不断扩大。我国马铃薯加工品的消费已经进入快速增长时期，市场前景十分广阔。我国与发达国家相比，加工业还比较落后，马铃薯专用加工品种少，且抗病性和适应性也存在问题，加工用薯远远满足不了加工对原料的需要，根据联合国粮农组织数据显示，近年来，我国每年用于加工的马铃薯仅占马铃薯总产量的10%左右。

4. 种用

马铃薯的另一重要消费类型即为种薯消费。一般情况下，总产量的10%左右作为种薯。在我国马铃薯四大生产区域，中原二作区和南方冬作区马铃薯易感染病毒，马铃薯退化较快，病害严重，不适合留种，每年需从北方和西南高海拔地区购买调运大量种薯。

马铃薯消费利用结构

马铃薯消费利用结构是指马铃薯作为粮食或蔬菜直接食用及饲养

动物和作为加工用薯、种用薯等不同消费利用方式的组合形式及其比例关系。

马铃薯需求收入弹性

马铃薯需求收入弹性是指收入变化对马铃薯需求的影响程度。在发达国家，鲜马铃薯的收入弹性为负值，而在发展中国家却是正值。当收入增加时，贫困国家的居民比富裕国家更愿意消费马铃薯。

马铃薯消费函数

马铃薯消费函数是反映人们的马铃薯消费支出与决定马铃薯消费的各种因素之间的依存关系，是马铃薯消费者行为数量研究的重要组成部分，反映出马铃薯消费与其决定因素之间的函数关系。决定马铃薯消费水平的因素很多，如收入、财产、利率、收入分布等。其中，收入是最根本的因素。因此，马铃薯消费函数实质上是指马铃薯消费与收入之间的函数关系。

凯恩斯的消费函数理论是他在《就业、利息和货币通论》一书中提出的：总消费是总收入的函数。这一思想用线性函数形式表示为：

$$C_t = a + b \times Y_t$$

式中：

C_t 表示总消费，Y_t 表示总收入，下标 t 表示时期；a、b 为参数。参数 b 称为边际消费倾向，其值介于 0 与 1 之间。

凯恩斯的这个消费函数仅仅以收入来解释消费，被称为绝对收入假说。这一假说过于简单粗略，用于预测时误差较大。

第二次世界大战以后，西方经济学家对消费函数进行了较深入的研究，提出了若干新的假说及相应的函数式。其中函数形式比较简单而内容大体符合实际的消费函数是：

式中：

$$C_t = a + \beta Y_t \times \gamma C_{t-1}$$

C_t 表示 t 期消费，Y_t 表示 t 期收入，C_{t-1} 表示上期（t-1 期）消费；α，β，γ 为参数。

这一消费函数的最后一项可以解释为消费的惯性影响，也可以解释为持久收入的影响。因为应用递推关系可将上面的消费函数改写为：

$$C_t = \frac{a}{1-\gamma} + \beta Y_t + \gamma\beta C_{t-1} + \gamma^2\beta Y_{t-2} + \gamma^3\beta Y_{t-3} + \cdots$$

马铃薯边际消费倾向

马铃薯边际消费倾向是马铃薯消费增减量与可支配收入增减量之比值，表示每增加或减少一个单位的可支配收入时马铃薯消费的变动情况。马铃薯边际消费倾向与马铃薯平均消费倾向不同，马铃薯平均消费倾向是马铃薯总消费与可支配总收入的比率，而马铃薯边际消费倾向被用于描述由于收入变化导致消费者对马铃薯产品消费额变化幅度的大小，马铃薯边际消费倾向总是大于 0 而小于 1。

马铃薯边际消费倾向存在着递减的规律，即当收入增加时，人们只将收入中的较小比例部分用于马铃薯消费支出，而将其较大比例用于其他商品购买和储蓄。

马铃薯效用

马铃薯效用就是消费者消费马铃薯产品时使自己的需求、欲望等得到满足的一个度量，效用更多表现的是一种心理感受，要准确计量非常困难，经济学上用它来解释理性消费者如何把他们有限的资源分配在能给他们带来最大满足的马铃薯产品上。

马铃薯效用最大化原则

马铃薯效用最大化原则是指消费者对马铃薯消费品的选择，在达到每一种马铃薯消费品的单位货币支付所得的边际效用相等时，实现最大总效用。马铃薯消费者效用最大化原则是表示消费者选择最优的一种马铃薯商品组合，使得自己花费在各种马铃薯商品上的最后一元钱所带来的边际效用相等（即购买的各种马铃薯商品的边际效用与价格之比相等），且等于货币的边际效用的一种现象。

马铃薯边际效用

在微观经济学中，边际效用（marginal utility）又被译为边际效应，是指每新增（或减少）一个单位的商品或服务，它对商品或服务的收益增加（或减少）的效用，也是"效用—商品"或"效用—服务量"

图的斜率。经济学通常认为，随着商品或服务量的增加，边际效用将会逐步减少，称为边际效用递减定律。

在这里要注意的是，边际效用是指某种物品的消费量每增加一单位所增加的满足程度，针对的是消费者，而边际报酬（marginal returns）则对应生产者。同样，随着商品或服务量的增加，边际报酬也将会逐步减少，称为边际报酬递减定律。

马铃薯边际效用是指消费者对马铃薯产品的消费量每增加一单位所增加的额外满足程度。边际的含义是额外增量。在边际效用中，自变量是马铃薯产品的消费量，而因变量则是满足程度或效用。消费量额外变动所引起的马铃薯产品效用的变动即为马铃薯边际效用。

马铃薯总效用和边际效用

消费者消费某种马铃薯产品满足程度的高低，主要是通过马铃薯产品总效用与边际效用两个指标进行衡量。马铃薯产品总效用是指消费一定量某种马铃薯产品所得到的总满足程度。马铃薯边际效用是指对马铃薯产品的消费量每增加一单位所额外增加的满足程度。

用公式表示为：

$$MU = \Delta TU / \Delta Q$$

其中，MU 表示马铃薯边际效用，Q 为马铃薯商品的消费数量，TU 为马铃薯总效用。

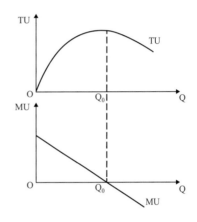

由上述公式的几何图形可以看出：

当马铃薯边际效用为正数时，马铃薯总效用是增加的。

当马铃薯边际效用为零时，马铃薯总效用达到最大。

当马铃薯边际效用为负数时，马铃薯总效用减少。

马铃薯边际效用递减规律

马铃薯边际效用递减规律是指

在一定时间内，随着消费马铃薯商品数量的不断增加，消费者从中得到的总效用是在增加的，但是是以递减的速度增加的，即马铃薯边际效用是递减的；当马铃薯商品消费量达到一定程度后，总效用达到最大值，边际效用为零，如果继续增加马铃薯消费，总效用不但不会增加，反而会逐渐减少，此时马铃薯边际效用变为负数。

马铃薯边际效用递减规律对马铃薯需求定律的解释：消费者购买马铃薯商品是为了取得效用，对边际效用大的马铃薯商品，消费者就愿意支付较高价格，即消费者购买马铃薯商品支付价格以马铃薯边际效用为标准。按马铃薯边际效用递减规律：购买马铃薯商品越多，马铃薯边际效用越小，马铃薯商品价格越低；反之，购买马铃薯商品越少，马铃薯边际效用越大，马铃薯商品价格越高。因此，马铃薯商品需求量与马铃薯价格呈反方向变化，即马铃薯需求定律。

马铃薯需求结构

马铃薯需求结构是指用于马铃

薯社会消费量的总有效购买力在马铃薯产业中的分配比例，也指广义货币在马铃薯产业中的投入比例。一个国家的马铃薯需求结构决定这个国家的马铃薯产业结构，马铃薯需求结构合理则马铃薯产业结构合理；马铃薯需求结构不合理则马铃薯产业结构不可能合理；马铃薯需求结构失衡则马铃薯经济结构必然失衡，所以说一个国家马铃薯需求结构的合理性反映的是一个国家马铃薯产业结构的合理性。

马铃薯需求结构是由个人偏好和国家政策导向决定的，所以确立正确的个人消费观念，制定科学、稳定、连续的马铃薯产业政策是建立合理的马铃薯需求结构乃至马铃薯产业结构的关键。合理的马铃薯需求结构有助于促进马铃薯产业健康发展。在市场经济的运行过程中，推动投资需求结构合理化，有助于加快推进马铃薯产业结构战略性调整的步伐。

马铃薯需求结构调整的措施

马铃薯需求结构调整的措施有以下几个方面：

（1）马铃薯消费需求的调整。在"高投资，低消费"的失衡结构下，提高居民马铃薯消费边际倾向，扩大国内马铃薯需求，增加居民可支配收入，是扩大国内马铃薯消费需求的重要途径。

（2）马铃薯投资需求的调整。中国投资需求的调整应该包括两个含义：一是规模调整，与消费需求匹配，不会引起产能过剩；二是结构调整，与国家产业政策和消费结构匹配，利于促进产业结构优化，提高投资效率和效益。重点在于扶持高新技术产业等新兴环保产业。

（3）马铃薯净出口需求的调整。为了平衡国内外需求，出口需求的调整是非常必要的。调整包括两方面，一是控制出口需求规模，二是优化出口产品结构。对于净出口需求的调整，相关部门可以借助税收制度，例如调整出口退税率。

马铃薯消费潜力

马铃薯消费潜力是指尚未开发的马铃薯消费能力，是对马铃薯未来一段时期内消费需求的预测与判断。从发展经济学视野上看，一个国家马铃薯产业发展程度的高低决定其马铃薯消费水平的高低，马铃薯消费能力的强弱又影响马铃薯生产和产业发展的进程。

我国马铃薯市场消费潜力巨大。第一，从食物消费来看，我国人口众多，随着生活水平的提高及食物结构的变化，马铃薯的食物消费需求仍有很大发展空间。第二，从加工消费来看，马铃薯既可以作为重要工业原料，也可以作为食品原料，而我国的马铃薯则主要被用来加工粗淀粉，然后再加工成粉丝、粉皮等初级产品，真正用于生产薯条、全粉等其他高附加值产品的却很少。此外，随着我国马铃薯加工业的快速发展，对原料薯的需求也快速增加。

马铃薯消费者剩余

马铃薯消费者剩余又称为马铃薯消费者的净收益，是指消费者在购买一定数量的马铃薯产品时，愿意支付的最高总价格和实际支付的总价格之间的差额。马铃薯消费者剩余衡量了马铃薯购买者自己感觉到所获得的额外利益。

在自愿交易的条件下，马铃薯消费者通过选择最优的消费数量可以使得自身的情况得到改善。

马铃薯派生需求

派生需求是由阿弗里德·马歇尔在其《经济学原理》一书中首次提出的经济概念。马铃薯派生需求是指企业对某种马铃薯生产要素的需求是由对该要素参与生产的马铃薯产品的需求派生出来的，又称"马铃薯引致需求"。马铃薯厂商需要要素不是为了直接消费，而是为了生产可出售的马铃薯产品和服务。所以说，马铃薯厂商对要素的需求来自消费者对马铃薯产品的需求，因而被称为"马铃薯派生需求"。

马铃薯均衡价格和均衡产量

当实现了马铃薯市场供求均衡，即马铃薯需求量与供给量相等时的价格称为均衡价格，供给量称为均衡产量。市场上马铃薯需求量和供给量相等的状态，被称为马铃薯市场出清的状态。

马铃薯市场细分

马铃薯市场细分是把不同地区的马铃薯生产、加工、消费和贸易现状，在空间上进行市场划分，目的是准确把握市场规律，探索适合地区发展的措施。

马铃薯商品性

马铃薯商品性是指马铃薯产品具有的能用于交换的特性，具体讲就是：对马铃薯消费者需求的满足度和与竞争产品相比具有的竞争力的特性。它包含了目标客户、客户需求、竞争能力三个方面的内容。马铃薯商品性的判断标准即马铃薯是否能够适应市场的需要。

马铃薯集团消费

马铃薯集团消费是指企业、机关、部队、农村合作经济组织、事业单位、团体等对马铃薯产品的消费。集团消费是马铃薯商品性消费的重要组成部分，也是最容易受经济环境和市场环境影响的，马铃薯消费主要来自集团消费。

马铃薯商品性消费

马铃薯商品性消费是指在商品经济条件下，消费者用货币购买马铃薯的消费方式，市场是联系生产者与消费者的纽带。随着马铃薯产业和市场经济的发展，马铃薯商品性消费不断扩大。

马铃薯自给性消费

马铃薯自给性消费是指马铃薯生产者自己生产并直接消费马铃薯，是以自给性生产为前提的消费，马铃薯生产者本身又是消费者。在马铃薯产业生产力发展的较低阶段，马铃薯消费大多是自给性消费。

马铃薯消费升级

马铃薯消费升级包括消费内容和消费结构的升级。马铃薯消费利用方式包括作为粮食或蔬菜直接食用、饲养动物、加工用薯、种用薯以及其他用途，不同地区对马铃薯的消费利用方式差异明显。马铃薯消费结构正在发生重大变化，人们对马铃薯加工品的需求逐步增多并且趋向高质量和多样性。

（1）从供给端看，马铃薯供给能力和结构是制约内容升级的核心，供给不仅为需求的实现提供物质保障，还对马铃薯消费结构产生引导作用。

（2）从需求端看，马铃薯消费内容的升级受制于"人的需要"，其无限发展性和丰富多样性等特点为消费内容升级的多维度提供了可能。

马铃薯需求结构的优化

马铃薯需求结构是指在一定的收入水平条件下，政府、企业、家庭或个人所能承担的对各马铃薯产品或服务的需求比例，以及以这种需求为联结纽带的部门关联关系。

马铃薯需求结构包括政府（公共）需求结构、企业需求结构、家庭需求结构或个人需求结构以及以上各种需求的比例，它也包括中间（产品）需求结构、最终产品需求结构以及中间产品需求与最终产品需求的比例，还包括作为需求因素的投资结构、消费结构以及投资与消费的比例等。马铃薯产业结构优化也要对这些因素进行结构性调整。

马铃薯价值

马铃薯价值是凝结在马铃薯商品中的无差别的人类劳动或抽象的人类劳动。它是构成马铃薯商品的因素之一，是马铃薯商品经济特有的范畴。马铃薯商品的价值量由两部分构成：一部分是马铃薯商品生产者的劳动力耗费，即劳动所创造的新价值，另一部分是马铃薯生产者的具体劳动把劳动对象和劳动资料上原有的旧价值转移到产品中去。但无论是前者还是后者，加到一个马铃薯商品中去的都只限于社会必要劳动时间。决定马铃薯商品价值量的社会必要劳动时间随着劳动生产力的变动而变动。劳动生产力提高，同量劳动会生产更大量的马铃薯商品，或生产同量马铃薯商品所耗费的社会必要劳动时间减少，从而单位马铃薯商品的价值量就会降低。反之亦然。所以马铃薯商品的价值量与体现在马铃薯商品中的劳动的量成正比，与这一劳动的生产力成反比。

马铃薯价值判断

马铃薯价值判断即关于马铃薯价值的判断，是指人们对马铃薯商品能否满足主体的需要以及满足的程度作出的判断，也是指某一特定的主体对马铃薯商品有无价值、有什么价值、有多大价值的判断。更直白地说，就是人们对各种马铃薯商品往往会作出好与坏或应该与否的判断。由于这种判断与人们的价值观有直接关系，所以被称为马铃薯价值判断。

马铃薯价值理论

马铃薯价值理论是关于马铃薯商品之间价值关系的运动与变化规律的科学。人们对于客观世界马铃薯商品的认识分为两大类：一是关于客观世界马铃薯商品的属性与本质及运动规律的认识；二是关于客观世界马铃薯商品对于人类的生存与发展的意义（即价值）的认识。前者就是一般的科学理论，后者就是马铃薯价值理论。马铃薯价值理论是人类科学理论体系中的组成部分。由于"对于人类的生存与发展的意义"本身也是事物的一种特殊属性，因此马铃薯价值理论是一种特殊的科学理论。

马铃薯市场价格

马铃薯市场价格是指马铃薯在市场上的交易价格。受供求关系、生产成本、生产周期、气候、上市时间等因素的影响。马铃薯市场价格传导效应明显，市场价格波动频繁。根据产品形态和用途的不同，马铃薯价格又可分为种薯价格、鲜食菜薯价格、淀粉原料薯价格等，其价格间存在巨大差异。

马铃薯质量差价

马铃薯质量差价是指同种马铃薯商品在同一时间、同一市场上因质量差异而形成的价格差额。它形成的原因主要是在马铃薯产品生产过程中由于人工、物料消耗的不同或生产加工技术、技能水平的不同而造成的。

马铃薯质量差价也称"马铃薯品质差价"，主要包括马铃薯品种差价、等级差价、规格差价等。马铃薯质量高的商品一般成本较高，因而价格也高些。实行按质论价、优质优价、低质低价，有利于提高马铃薯产品质量。

马铃薯质量差价是生产不同质量的马铃薯商品所消耗社会必要劳动差异的货币表现，满足社会需要，在一定程度上反映同种马铃薯商品不同的适用性和用途。马铃薯商品质量差价形成的主要原因有：

（1）马铃薯生产者的技术装备、劳动熟练程度、栽培方法及原材料质量、技术水平、工艺水平等方面存在差异。一般来说，生产质量较高的马铃薯商品需要耗费较多质量高的原材料，要有较好的马铃薯生产条件和技术等。

（2）不同质量的马铃薯商品市场供求状况不同。如马铃薯产品中的优质产品，常常供不应求，其价格必然较高；反之价格则较低。按质论价，既有利于鼓励马铃薯企业生产优质马铃薯产品，在一定程度上反映同种商品不同的用途并满足社会需要，又有利于推动马铃薯企业采用新技术、新工艺和增加花色品种来面对市场。

马铃薯市场价格的季节性

马铃薯市场价格的季节性是指马铃薯的市场价格随季节更替表现出不同特征。年度内马铃薯市场价格的波动呈倒"V"字形。2~5月为马铃薯市场价格的高峰期,价格在长期趋势的基础上有不同程度的上涨,其中5月份价格涨幅最大;7~12月为马铃薯市场价格的低谷期,各月价格在长期趋势的基础上有较大的降幅,其中7月、9月、10月、11月季节性降幅较大。

影响马铃薯价格季度间差异明显的根本原因是淡旺季供应不平衡,马铃薯生产的季节性是造成这种失衡的主要原因,其他诸如日益复杂的市场形势等因素,通过影响薯农的销售决策而影响供求,加剧了这种失衡。

马铃薯市场价格的区域性

马铃薯市场价格存在较大区域差异,包括广东、福建、湖南、湖北等省份在内的南方冬作区和西藏、贵州、四川、云南等西南混作区的马铃薯田间平均价格相对较高,山东、河北等中原二季作区价格次高,黑龙江、吉林、青海、宁夏等北方一季作区价格相对偏低。

影响马铃薯价格地区差异明显的根本原因是热量条件的差异,引起南北方马铃薯收获和上市时间不同,以及马铃薯生产过程中的要素投入水平和生产成本的不同。

马铃薯价格效应

马铃薯价格效应是指马铃薯价格变化对马铃薯消费者商品购买量的全部影响。马铃薯价格效应等于马铃薯收入效应与马铃薯替代效应之和,它也是西方经济理论中进行需求分析的工具之一。马铃薯收入效应是指在收入一定时,马铃薯价格的变化会使消费者收入的购买力发生变化。对于一个固定收入的消费者来说,价格水平上升会使他买到的马铃薯商品数量减少,相对于过去的马铃薯价格水平而言,这无异于该消费者的现期收入水平降低了。

马铃薯价格效应 = 马铃薯替代效应 + 马铃薯收入效应。这是因为一种马铃薯商品的价格变化常常会产生两种结果：

第一，引起马铃薯商品的相对价格（或商品之间的交换比率）发生变化：消费者总是增加相对便宜的马铃薯商品的购买量，减少相对昂贵的马铃薯商品的购买量。这种现象被称为马铃薯替代效应。

第二，引起马铃薯消费者的实际收入水平变化，进而引起对该马铃薯商品需求量的变化。这种现象被称为马铃薯收入效应。

马铃薯价格机制

马铃薯价格机制是指在马铃薯市场竞争过程中，与马铃薯供求相互联系、相互制约的马铃薯市场价格的形成和运行机制，是马铃薯市场机制中的基本机制。马铃薯价格机制包括马铃薯价格形成机制和马铃薯价格调节机制。马铃薯价格机制是在市场竞争过程中，马铃薯价格变动与供求变动之间相互制约的联系和作用。马铃薯价格机制是马铃薯市场机制中最敏感、最有效的调节机制，马铃薯价格的变动对整个马铃薯经济活动有十分重要的影响。马铃薯商品价格的变动，会引起马铃薯商品供求关系变化；而马铃薯供求关系的变化，又反过来引起马铃薯价格的变动。

在社会主义市场经济条件下，马铃薯价格机制对马铃薯市场经济运行和发展的作用是多方面的：

（1）调节马铃薯生产。体现在推动马铃薯生产商品的劳动生产率的提高和资源耗费的节约；调节资源在马铃薯各个生产部门的分配，协调马铃薯各生产部门的资源。

（2）调节马铃薯消费。马铃薯价格总水平的上升或下降，调节马铃薯市场消费需求的规模；马铃薯商品比价体系的变动，调节马铃薯市场消费需求的方向和需求结构的变化。

（3）马铃薯市场的重要调控手段。一方面，马铃薯价格总水平的变动是进行马铃薯产业调控的根据；另一方面，马铃薯价格机制推动马铃薯总供给与总需求的平衡。

马铃薯价格与价值的背离极其趋于一致，是马铃薯价格机制得以发挥作用的形式。马铃薯价格机制充分发挥作用的关键是放活马铃薯价格，使其随马铃薯商品供求的变动而变化。

马铃薯价格刚性

马铃薯价格刚性是马铃薯价格具有涨易降难的特性。按价格学原理，当马铃薯产品成本下降，或者供过于求时，其价格应随之下跌。但是在纸币流通的情况下，当国家货币供应增长速度超过经济增长速度，即存在通货膨胀的情况下，或者马铃薯企业间在竞争中回避价格竞争，或者马铃薯企业通过降低价格不能达到扩大销售和增加利润时，都使马铃薯价格刚性的存在有了条件或成为可能。

马铃薯价格刚性理论是针对马铃薯均衡价格理论而言的。按照均衡价格理论，马铃薯市场价格会根据马铃薯供求关系的变化而自动进行灵活的调整，但实际上，马铃薯企业价格调整往往滞后于马铃薯供求的变化。新凯恩斯主义学派就价格刚性的成因进行了多方面研究，为此提出了许多模型加以解释，例如信息不对称模型、弯折需求曲线模型、存货模型、接近理性模型、错开定价模型、状态依存定价规则模型等。一些经济学家用经验事实对这些理论模型进行鉴别，发现任

何一个模型都有其局限性的一面，难以对价格刚性进行较为科学而全面的解释。

经济学家布林德则通过实证研究的方式对价格刚性进行了研究，他通过书面问答或口头调查，让价格决策者自己来判定哪些因素是他们不调整价格的动因。结果是，企业家们普遍认同价格刚性的存在，对价格刚性原因的解释，认同最多的因素是：交货滞后、服务与协作失败、成本加价、隐含契约、明确的名义契约和价格调整成本。刚性价格理论说明了资源流动的障碍对价格受供求影响而变动的阻碍作用，从这一意义上讲，价格刚性理论是对均衡价格理论的一种修补，并不是一种独立的价格理论。

马铃薯价格——消费曲线

马铃薯价格——消费曲线是指马铃薯消费者收入和偏好不变，与一种马铃薯商品价格变化相联系的两种马铃薯商品的效用最大化组合。即一种马铃薯商品由于价格变动引起需求量变化。一般表示某马铃薯商品在价高时需求量少，价低

时需求量大。它的变化规律也可以提示不同马铃薯市场及不同弹性马铃薯商品的需求变化规律，还可以反映整个社会对所有马铃薯商品的需求变化规律。

马铃薯价格领先策略

马铃薯价格领先策略又称"马铃薯价格领袖制"，指经由马铃薯产业的某一家公司先定出马铃薯产品某一期间内的价格，其他公司根据该公司定出的价格，就其同质产品，商定其价格。马铃薯价格领袖并非一定为该行业最大的公司，亦非该行业间特别规定或选举产生，它往往来自同业间长期的定价习惯，或来自同业间一种自然的默契而形成的。它是不完全竞争条件下垄断组织操纵市场采用的价格制度，有三种形式：一是支配型马铃薯价格领先，二是成本最低型马铃薯价格领先，三是晴雨表型马铃薯价格领先。

支配型马铃薯价格领先，是指由马铃薯行业中占支配地位的马铃薯厂商根据利润最大化原则确立产品的售价，其余规模小一些的厂商根据已确立的价格确定各自的产销量。

成本最低型马铃薯价格领先，是指由成本最低的马铃薯厂商按利润最大化原则确定其产销量和销售价格，而其他马铃薯厂商也将按同一价格销售各自的产品。

晴雨表型马铃薯价格领先，是指马铃薯行业中，某个厂商在获取信息、判断市场变化趋势等方面具有公认的特殊能力，该马铃薯厂商产品价格的变动起到了传递某种信息的作用，因此其他马铃薯厂商会根据该厂商产品价格的变动而相应变动自己产品的价格。

马铃薯市场价格传导机制

马铃薯市场价格传导机制是指在市场经济条件下，价格体系中马铃薯价格变化引起其他商品价格变化的内在规律，价格传导机制是从马铃薯价格的变化对另一商品价格的影响程度上来研究价格的。

马铃薯价格的波动不是孤立存在的，往往要通过一定的途径和渠道相互影响，这种传递影响的过程就称为价格的传导。价格的传导是

马铃薯产品市场与需求

非对称进行的，是指价格上升时的传导作用与价格下降时的传导作用并不一定一致，往往是总有一方的作用较大，这就是价格传导的非对称性。

马铃薯价格影响因素

影响马铃薯价格变化有以下几个因素：

（1）马铃薯价值决定价格。价值是价格的决定因素，马铃薯的价值量越大，则价格越高。

（2）供求影响价格。当供给大于需求时，马铃薯价格下跌；当供给小于需求时，马铃薯价格上涨。

（3）国家政策影响价格。即国家通过宏观调控的行政手段可以影响马铃薯价格。

（4）消费者偏好影响马铃薯价格。当消费者偏好食用马铃薯时，马铃薯的需求量会大幅增加，这时销售者可以提价。

马铃薯价格预期

马铃薯价格预期是指马铃薯厂商或消费者根据当前马铃薯价格变动而对未来价格变动态势所作出的预计，可分为经验性价格预期和理性价格预期。前者是预期者根据自身经验、相关知识等对未来马铃薯价格的预计；后者则是预期者在充分掌握信息前提下，根据某种理论或经济模型对马铃薯未来价格作出的预计。通常通过计算马铃薯价格预期弹性来表示。

影响马铃薯价格预期的主要因素包括：当前影响马铃薯价格变动因素的未来变化趋势，是否会出现影响马铃薯价格变动的新因素，例如人们对马铃薯价格产生的心理反应，预期者的经验、知识水平、预测技术水平等。

薯贱伤农

"薯贱伤农"是指马铃薯产量高的年份，农户的收入反而减少了，严重损害了农民的利益。这种现象可由需求弹性的理论进行解释：马铃薯需求弹性小，价格年际波动大。避免这种现象的措施是合理调控马铃薯种植规模，引导农户理性种植，避免跟风种植，盲目增产，保持产需"紧平衡"状态。

滞销事件：

1. 2008年秋季，宁夏南部山区马铃薯滞销问题引起了社会的关注。

2. 2011年国庆节前，中国马铃薯市场价格水平和走货基本正常，国庆节后主产区马铃薯价格急剧下挫，出现了大范围的市场低迷。内蒙古主产区马铃薯滞销的消息经媒体报道后迅速传播到华北、西北、西南乃至全国，出现了大范围的市场低迷。

滞销原因：马铃薯面积和产量增加。2011年马铃薯大幅增产和降价的预期增强，表现在2011年马铃薯大量上市，对市场形成了一定冲击；滞销问题的舆论宣传强化了中间商马铃薯降价的预期。替代品和加工品价格下降，表现在其他大宗蔬菜价格下降；淀粉价格大幅下跌。

马铃薯需求价格弹性

马铃薯需求价格弹性简称为马铃薯需求弹性或马铃薯价格弹性，它表示在一定时期内马铃薯的需求量变动对于马铃薯价格变动的反应程度。或者说，表示在一定时期内马铃薯的价格变化百分之一时所引起的马铃薯需求量变化的百分比。通常用价格弹性系数来表示：

$$Ed = \frac{dQ}{dP} \cdot \frac{P}{Q} \approx \frac{\triangle Q/Q}{\triangle P/P}$$

Ed表示价格弹性系数，Q表示马铃薯需求量，P表示马铃薯价格，ΔQ表示马铃薯需求量变动值，ΔP表示马铃薯价格变动的数值。

马铃薯供给价格弹性

马铃薯供给价格弹性是指马铃薯供给量相对马铃薯价格变化作出的反应程度，即马铃薯价格上升或下降百分之一时，对马铃薯供给量增加或减少的百分比。供给量变化率是对商品自身价格变化率反应程度的一种度量，等于供给变化率除以价格变化率。

$$E_s = \frac{\dfrac{\triangle Q}{Q}}{\dfrac{\triangle P}{P}} = \frac{\triangle Q}{\triangle P} \cdot \frac{P}{Q}$$

Es表示供给弹性系数，Q表示马铃薯供给量，P表示马铃薯价格，ΔQ表示马铃薯供给量变动值。ΔP

表示马铃薯价格变动的数值。

马铃薯完全成本定价论

按照马铃薯完全成本定价论制定运价时，既要考虑马铃薯固定成本，又要考虑马铃薯可变成本；既要考虑马铃薯直接成本，又要考虑马铃薯间接成本；既要考虑目前支付的马铃薯成本，又要考虑将来可能支付的马铃薯成本，力求做到马铃薯运输价格能够准确地反映社会经济系统为完成一定量的马铃薯运输活动而必须付出的全部代价。如果所有的马铃薯运输企业都能按完全成本确定价格，那么马铃薯运输价格将能反映真正经济学意义上的马铃薯运输成本，这将有利于马铃薯资源在各种运输方式间的合理配置，以及各种运输方式优势的发挥。

马铃薯固定价格

马铃薯固定价格是指组合间的各个马铃薯厂商之间达成协议，彼此同意以相同的价格出售其马铃薯产品，以消除各马铃薯厂商之间在产品售价方面竞争的一种做法。马铃薯企业之间之所以通过协议固定马铃薯产品的价格，其主要目的是为了消灭彼此之间的竞争，从而达到维护自身利益的目的。

因此，从本质上看，马铃薯固定价格是一种典型的限制性商业做法。所谓限制性商业做法，一般认为是指马铃薯企业通过滥用或谋取滥用市场力量的支配地位去限制进入市场，或以其他方式不适当地限制竞争，对马铃薯贸易或商业的发展造成不利的影响；或者通过马铃薯企业之间的正式或非正式的、书面或非书面的协议或安排造成同样的后果。我国对此较正式的定义是指"在经济活动中，马铃薯企业为牟取高额利润而进行的并购、接管（狭义的垄断活动），或勾结进行串通投标、操纵价格、划分市场等不正当的经营活动（狭义的限制性商业惯例）"。根据各国立法，限制性商业做法包括的种类非常多，如强制价格、联合抵制、产量定额协议等，但由于各国竞争政策的不同，法律管制的具体范围存在一些差别，但均包括固定价格在内。

马铃薯季节差价

马铃薯季节差价是指在同一马铃薯市场和同一种马铃薯产品在不同季节的收购价格之间或销售价格之间的差额。形成马铃薯季节差价的主要原因是：

（1）马铃薯属于季节生产、常年消费或常年生产、季节消费的商品，需要支付一定的储存费用，发生一定的马铃薯商品损耗。

（2）马铃薯在不同季节其生产成本不同。在中华人民共和国成立之前，剥削阶级利用季节差价剥削劳动人民。目前，国家只对生产季节性很强、容易腐烂变质、自然损耗和储存保管费用较大的蔬菜、瓜果、水产品、蛋品等鲜活产品保留合理的季节差价。马铃薯季节差价一般以全年各月中的最低价格为计算基价，马铃薯季节差价为季节价格与计算基价之差。合理的马铃薯季节差价，有利于解决马铃薯生产和消费的季节矛盾，促进马铃薯生产，调剂马铃薯供求，指导马铃薯消费。

马铃薯形成商品季节差价的主要原因是：

（1）把季节性生产、常年性消费的马铃薯商品储存到非生产季节销售，需要支付一定数量的资金占用利息、税金和保管费等，需较高的销价予以补偿。

（2）常年生产、常年消费的马铃薯商品，但在不同季节生产的耗费不同，如在冬季和夏季生产的马铃薯，需要不同的销价予以补偿。

（3）常年生产、季节消费的马铃薯商品，在同一市场的不同季节有极不相同的供求状况、生产费用和储存费用，其销价也受到调节。

（4）马铃薯季节差价主要是由生产与消费在时间上的矛盾引起的。

根据解决矛盾的途径不同，可分为马铃薯淡旺季节差价和储存季节差价。季节差价还可分为马铃薯收购季节差价和马铃薯销售季节差价。实际工作中，人们常把全年各月中的马铃薯最低价格作为计算季节差价的基价，把马铃薯报告期的价格与基价之间的差额叫作季节差价。马铃薯季节差价占计算基价的百分比称为马铃薯季节差价率。国家通过规定季节差价率对部分重要商品的季节差价实行干预。合理的马铃薯季节差价是马铃薯企业价格决策的目标之一，也是国家促进生产发展、鼓励合理储备、正确调节供求、有效满足社会需要的重要条件。马铃薯季节差价的安排，应有利于促进马铃薯生产部门有计划生产，均衡上市；有利于马铃薯商业部门积极储存商品，改进保管技术，减少损耗，降低费用；还应有利于指导马铃薯消费，平衡供求。

马铃薯季节差价的计算方法有以下两种：

（1）成本法

马铃薯季节差价＝马铃薯某季节价格－马铃薯基价

（2）比较法

收集、整理马铃薯农产品历史上若干年中各个季节的平均价格，以其最低价格为历史基价，求出各季节的平均价格与历史基价的百分比，即该马铃薯农产品历史上各季节的差价率：

马铃薯某季节差价＝马铃薯基价×（±马铃薯季节差价率）

马铃薯田间价格

马铃薯田间价格一般也称为马铃薯生产者价格，是指马铃薯生产者直接在田间地头出售马铃薯所获取的价格。

马铃薯批发价格

马铃薯批发价格一般是指在农产品批发市场中不同经营主体之间的成交价格，处于马铃薯生产者价格之后，马铃薯零售价格之前，是流通过程中间环节的价格。一般由马铃薯批发经营主体的进货价格、流通费用、利润和税金构成，按流通过程的不同阶段分为产地批发价格与销地批发价格。

马铃薯零售价格

马铃薯零售价格是指马铃薯零售商户或生产者直接向城乡居民、社会集团供应马铃薯消费品以及直接向农村经济组织或农民个人供应马铃薯产品的价格，是马铃薯商品的最终价格。马铃薯零售价格是由当地批发价格（即零售商业企业的进货价格）、市内搬运费利息支出、零售损耗、马铃薯零售企业的经营管理费、工商税（或营业税）和利润构成。

马铃薯进出口商品结构

马铃薯进出口商品结构指一国或地区，在一定时期内，按各种标志分组，各类进出口马铃薯商品在进出口贸易总额中的构成。一国的进出口马铃薯商品结构是由该国的经济发展水平、资源状况以及外贸政策等决定的。

中国马铃薯进出口商品结构现状呈现以下特点：

（1）中国马铃薯及其制品出口结构中占据绝对主导地位的是新鲜或冷藏的非种用马铃薯和速冻土豆块、土豆丁等冷冻马铃薯产品，均为马铃薯初级产品，加工程度和附加值都比较低。

（2）中国马铃薯及其制品进口结构同样呈现主导产品突出的特点，中国马铃薯及其制品进口长期处于种薯、全粉、薯条薯片等附加值高、技术含量较高的产品的大量进口状态。

导致这种结构特点主要是由于中国国内符合高附加值产品加工标准的原料薯不能保证供应，加之加工工艺的落后，致使马铃薯加工制品成本普遍较高。

马铃薯产业竞争力

马铃薯产业竞争力是指在自由公平竞争的市场经济条件下，某一区域马铃薯产业比其他区域有更高的马铃薯生产率的综合能力。影响马铃薯产业竞争力的因素有气候、环境、产品品种、产品价格、产品质量、产品加工能力、生产和加工的技术水平、市场营销能力、研发技术以及满足消费者需求的程度等，是马铃薯生产、加工、消费、市场等各个方面的产业竞争优势和比较优势的综合表现。

马铃薯国际竞争力

马铃薯国际竞争力是指一个国家在世界经济的大环境下，将各国的马铃薯产业竞争力相比较，其为创造增加值和国民财富持续增长所做贡献的能力。马铃薯国际竞争力是一个相对概念，通过比较的方式展现马铃薯的竞争力。

马铃薯国际市场占有率

马铃薯国际市场占有率是指一

马铃薯产品市场与需求

个国家马铃薯出口额占世界市场上马铃薯总出口额的比重，国际市场占有率越高，马铃薯国际竞争力就越强，反之则越弱。

马铃薯显示性比较优势指数

马铃薯显示性比较优势指数是衡量一国马铃薯产品或产业在国际市场竞争力最具说服力的指标，旨在定量地描述一个国家内马铃薯产业相对于国际贸易总体出口的表现。用公式表示：

$$RCA_{ij} = (X_{ij} / X_{tj}) \div (X_{iw} / X_{tw})$$

其中，X_{ij} 表示国家 j 出口产品 i 的出口值，X_{tj} 表示国家 j 的总出口值；X_{iw} 表示世界出口产品 i 的出口值，X_{tw} 表示世界总出口值。

一般而言，RCA 值接近 1 表示中性的相对比较利益，无所谓相对优势或劣势可言；RCA 值大于 1，表示该商品在国家中的出口比重大于在世界的出口比重，则该国的此产品在国际市场上具有比较优势，具有一定的国际竞争力；RCA 值小于 1，则表示在国际市场上不具有比较优势，国际竞争力相对较弱。

马铃薯贸易

马铃薯贸易是指马铃薯买卖或交易行为的总称，通常指以货币为媒介的一切马铃薯交换活动或行为。其活动范围不仅包括商业所从事的马铃薯商品交换活动，还包括马铃薯商品生产者或他人所组织的马铃薯商品买卖活动；不仅包括国内马铃薯贸易，还包括国与国之间的国际马铃薯贸易。

马铃薯国际贸易

世界马铃薯贸易：2000 年以来，世界马铃薯及其加工制品进出口贸易一直保持稳定的增长态势。世界马铃薯及其加工制品出口贸易额不断增长。从产品类型来看，鲜马铃薯和冷冻马铃薯出口额增幅较大，其次是非用醋制作的冷冻马铃薯、马铃薯团粒、种用马铃薯、非醋方法制作或保藏的未冷冻马铃薯、马铃薯淀粉、马铃薯细粉。

中国马铃薯贸易：进入 21 世纪以来，中国马铃薯产品进出口总额持续上涨。中国是世界第一马铃薯生产和消费大国，但中国在马铃薯产品国际贸易中占的份额却很少。主要表现为：

（1）马铃薯进出口贸易趋于稳定，贸易顺差。

（2）马铃薯生产和消费大国，贸易小国。

（3）出口以鲜薯为主，进口以加工品为主。

（4）出口主要流向东南亚，进口主要来自欧美。从贸易流向来看，出口对象主要是越南、马来西亚、日本、俄罗斯等周边国家和在中国香港地区。

目前，我国的马铃薯贸易业务主要集中在马铃薯初级加工产品方面，这个阶段的产品成本高，附加值相对较低，利润相对较小。改变目前这种以初级产品为主的贸易格局，需要调整结构、转变方式。

马铃薯国际贸易商品结构

马铃薯国际贸易商品结构是一定时期内，各大类马铃薯商品或某种马铃薯商品在整个马铃薯国际贸易中的构成，即各大类马铃薯商品或某种马铃薯商品贸易额与整个世界马铃薯出口贸易额之比。马铃薯国际贸易商品结构可以反映出整个马铃薯产业的发展水平、产业结构状况和科技发展水平等。

（1）世界马铃薯贸易：一直都以冷冻产品为主，贸易额约占世界马铃薯及其制品贸易总额的40%以上。其中，非用醋方法制作的冷冻马铃薯贸易所占比重最大，其次是鲜马铃薯和非用醋制作的未冷冻马铃薯，其他马铃薯产品所占份额较小，如种用马铃薯、马铃薯淀粉、马铃薯团粒、冷冻马铃薯、马铃薯细粉。

产品出口情况：无论是鲜马铃薯还是马铃薯加工产品，马铃薯出口贸易都表现出高度的集中，市场集中率（CR3）都在50%以上，其中种用马铃薯、冷冻马铃薯、马铃薯细粉、马铃薯淀粉一国出口量就可占世界的50%以上。

（2）中国马铃薯贸易：中国进口的马铃薯产品主要是马铃薯加工产品，其中进口额最大的是冷冻马铃薯制品，其次是马铃薯淀粉。总体来看，中国马铃薯粉、颗粒、淀粉及冷冻制品进口额均呈现增长趋势，而马铃薯初级产品(鲜、冷及冷冻马铃薯)和未冷冻马铃薯制品

89

的进口额均呈现减少趋势。

鲜、冷非种用马铃薯是中国出口额最大的马铃薯产品，鲜、冷非种用马铃薯的出口额呈逐年增长势头，居于第二位的是冷冻马铃薯制品。马铃薯加工品出口呈增加趋势。

马铃薯制品贸易地区结构

马铃薯制品贸易地区结构包括以下几种：

（1）非用醋制作的冷冻马铃薯。主要销往日本、泰国、韩国等国家和中国香港地区。主要进口来源国为美国、加拿大、比利时、土耳其。

（2）非用醋制作的未冷冻马铃薯。主要销往日本、韩国、泰国、菲律宾、马来西亚等国家和中国香港地区。主要进口来源国为马来西亚、美国、英国、韩国、日本。

（3）冷冻马铃薯。主要出口日本、韩国、菲律宾。主要进口来源国为美国、埃及。

（4）马铃薯细粉。主要出口越南、危地马拉、南非、蒙古国。主要进口来源国为美国、荷兰、德国。

（5）马铃薯团粒。主要出口菲律宾、墨西哥、日本、马来西亚、

埃及、柬埔寨、越南。主要进口来源国为荷兰、美国、比利时、德国。

马铃薯国际贸易结构的优化

马铃薯国际贸易结构是指马铃薯不同产品的进出口比例，以及以这种进出口关系为联结纽带的部门关联关系。

马铃薯国际贸易结构包括不同部门间的进口结构和出口结构，也包括同一部门内的进出口结构（即进口和出口的比例）。马铃薯产业结构优化也要对国际贸易结构进行优化。

马铃薯产品离岸价格

马铃薯产品离岸价格亦称船上交货价格，是卖方在合同规定的港口把马铃薯产品装到买方指定的运载工具上，负担马铃薯产品装上运载工具为止的一切费用和风险的价格。按照国际贸易惯例，一般买卖双方责任的划分如下：

（1）卖方负责在合同规定的港口和日期或期限内，将马铃薯产品装上买方指定的运载工具，向买

方发出装船通知，负担马铃薯产品装上运载工具前的一切费用和风险，负责办理出口手续，交纳出口税，提供出口国政府或有关方面的签证，负责提供有关的货运单据。

（2）买方负责租船订舱，支付运费，并将船名、船期及时通知卖方，负担马铃薯产品装上运载工具后的一切风险和费用；负责办理保险，支付保险费，接受卖方提供的有关货运单据，支付货款；负责在目的港收货，办理进口手续，交纳进口税。离岸价格如果采用船舶以外的其他运载工具时，应分别注明，如"火车上交货价格""卡车上交货价格""飞机上交货价格"等。

马铃薯产品到岸价格

马铃薯产品到岸价格一般指马铃薯离岸价格加保险费和运费后的价格，马铃薯按此术语成交，马铃薯货价的构成因素中包括从装运港至约定目的地港的通常运费和约定的保险费，故马铃薯卖方除具有与CFR（成本加运费）术语的相同的义务外，还要为马铃薯买方办理货运保险，支付保险费，按一般国际贸易惯例，马铃薯卖方投保的保险金额应按CIF（成本加保险费加运费）价加成10%。如马铃薯买卖双方未约定具体险别，则马铃薯卖方只需取得最低限度的保险险别，如马铃薯买方要求加保战争保险，在保险费由马铃薯买方负担的前提下，马铃薯卖方应予加保，卖方投保时，如能办到，必须以合同货币投保。

马铃薯转口贸易和过境贸易

马铃薯转口贸易：马铃薯货物消费国和马铃薯货物生产国通过第三国进行的马铃薯贸易活动，对于第三国而言就是马铃薯转口贸易。马铃薯商品的生产国把商品卖给第三国（或地区）的马铃薯商人，然后第三国（或地区）的商人再把马铃薯商品卖给真正的马铃薯商品消费国。这种贸易对马铃薯商品生产国和马铃薯消费国来说是马铃薯间接贸易，对第三国（或地区）来说，则是马铃薯转口贸易。

马铃薯过境贸易：别国出口马铃薯货物通过本国国境，未经加工改制，在基本保持原状条件下运往另一国的马铃薯贸易活动，包括直接过境马铃薯贸易和间接过境马铃薯贸易。比如内陆国与不相邻的国家之间的马铃薯商品交易，就必须通过第三国国境，对第三国海关来说，就会把这类贸易归入过境马铃薯贸易。不过如果这类贸易是通过航空运输飞越第三国领空的话，第三国海关不会把它列入过境贸易。

马铃薯转口贸易和过境贸易的区别在于：马铃薯商品的所有权在转口贸易中先从马铃薯生产国出口者那里转到第三国（或地区）马铃薯商人手中，再转到最终消费该马铃薯商品的进口国商人手中；在马铃薯过境贸易中，马铃薯商品所有权无需向第三国商人转移。

马铃薯国际贸易量

马铃薯国际贸易量是指以一定时期的马铃薯不变价格为标准计算的各个时期的马铃薯国际贸易值。它的计算方法是：用进出口马铃薯价格指数去除以马铃薯进出口额，便得出按不同价格计算的国际马铃薯贸易近似值，也就是马铃薯国际贸易量。以一定时期的马铃薯国际贸易量做比较，就得出马铃薯贸易量变化的物量指数。计算马铃薯国际贸易量的主要特点是采用固定价格（即不变价格）。

在计算时，是以固定年份为基期而确定的马铃薯价格指数去除以报告期的马铃薯国际贸易额，得到的就是相当于按不变价格计算（剔除价格变动的影响）的马铃薯国际贸易额，该数值就叫报告期的马铃薯国际贸易量。

马铃薯出口盈亏率

马铃薯出口盈亏率是指马铃薯国际贸易盈亏额与出口总成本的比例，用百分比表示。马铃薯出口盈亏率是衡量马铃薯出口盈亏程度的一项重要指标，其计算公式为：

$$出口盈亏率=\frac{出口销售人民币净收入-出口总成本}{出口总成本} \times 100\%$$

其中，马铃薯出口销售人民币收入减去马铃薯出口总成本表示为马铃薯出口盈亏额，如果前者大于后者为盈利，反之为亏损。

马铃薯贸易壁垒

马铃薯贸易壁垒又称贸易障碍。对国与国间马铃薯商品交换所设置的人为限制，主要是指一国对外国马铃薯商品进口所实行的各种限制措施。一般分马铃薯关税壁垒和非关税壁垒两类。就广义而言，凡使正常马铃薯贸易受到阻碍，马铃薯市场竞争机制作用受到干扰的各种人为措施，均属马铃薯贸易壁垒的范畴。如马铃薯进口税或起同等作用的其他税，马铃薯商品流通的各种数量限制，在马铃薯生产者之间、购买之间或使用者之间实行的各种歧视措施或做法（特别是关于马铃薯价格或交易条件和运费方面），国家给予的各种马铃薯补贴或强加的各种特殊负担，以及为划分马铃薯市场范围或谋取额外利润而实行的各种限制性做法等。

世贸组织所推行的关税自由化、商品贸易自由化与劳务贸易壁垒，尽管在关税方面取得较大进展，在其他方面却收效甚微。某种形式的贸易壁垒削弱了，其他形式的贸易壁垒却加强了，各种新的贸易壁垒反而层出不穷。随着WTO等国际间贸易组织成员的不断增加以及各地区组织的建立，如北美自由贸易区等，对这两类组织的非成员国关税壁垒还在起着作用。但值得注意的是，国际上非关税壁垒的作用正在上升，或有上升的趋势。一些发达国家利用其自身的技术优势对来自其他国家产品的认证要求，极大地阻碍了欠发达和发展中国家制成品的出口，而只能出些资源性的初级产品。同时也加剧了南北间的经济及贸易发展差距。另外，发达国家以及一些次发达甚至发展中国家越来越多地采用反倾销手段，也是非关税壁垒之一。就我国而言，配额、许可证制度也属于后者。

贸易壁垒的种类

贸易壁垒的表现形式繁多，各国适用的贸易壁垒也层出不穷，所以，以下的列举不是穷尽的。以贸易壁垒影响的贸易种类为标准，可以把贸易壁垒分为以下五种：

1. 货物贸易：关税壁垒

（1）关税减让方面

比如，WTO成员没有按照本国减让表承诺的减让水平进行减让。

（2）关税税则分类方面

比如，海关官员在对进口产品进行税则分类时拥有过多的自由裁量权，使得进口商难以预见未来对同一进口产品适用的关税。

（3）关税高峰

尽管有关税减让表规定的减让水平，仍然在特定产品领域维持高关税。

（4）关税配额

对一定数量（配额量）内的进口产品适用较低的关税税率，对超过该配额量的进口产品适用较高的税率。实践中，配额量的确定、发放和管理过程中的不适当做法常常成为贸易壁垒。

2. 货物贸易：非关税壁垒

滥用以下措施，往往对货物贸易造成壁垒：

（1）进口许可

（2）出口许可

（3）进口配额

（4）进口禁令

（5）技术性贸易壁垒

（6）出口限制

（7）政府采购

（8）补贴

（9）自愿出口限制

（10）当地含量要求

（11）国家专控的进出口贸易

（12）卫生与动植物检疫措施

（13）反倾销、反补贴、保障措施等贸易救济措施

3. 妨碍与贸易有关的投资的措施

（1）投资准入范围的限制

（2）税收歧视

（3）外国股权的限制

4. 妨碍服务贸易的措施

（1）准入限制

（2）外国股权的限制

5. 妨碍与贸易有关的知识产权的措施

如对知识产权保护力度不够等。

根据贸易壁垒的表现形式，可以把贸易壁垒分成以下四种：

1. 立法

以法律、法规、条例的形式规定贸易壁垒。

2. 行政决定

以行政决定、行政命令、指令形式规定贸易壁垒。

3. 政策与舆论

政府采取或者支持的以政策、

舆论宣传来影响本国国民，比如使用国货、歧视进口产品等。

4. 做法

短时间内不适当地频繁使用反倾销措施、地方保护主义、官僚主义等。

马铃薯贸易顺差

马铃薯贸易顺差是指在特定年度，一国马铃薯出口贸易总额大于马铃薯进口贸易总额，又称"马铃薯出超"。表示该国当年对外马铃薯贸易处于有利地位。马铃薯贸易顺差的大小在很大程度上反映一国在特定年份马铃薯对外贸易活动状况。

贸易顺差越多并不一定越好，过高的贸易顺差是一件危险的事情，意味着本国经济的增长比过去几年任何时候都更依赖于外部需求，对外依存度过高。巨额的贸易顺差也带来了外汇储备的膨胀，给货币带来了更大的升值压力，比较简单的对策就是拉动国内消费。但具体到马铃薯产业来说，一般就马铃薯贸易双方的利益来讲，其中得到马铃薯贸易顺差的一方所获取利益较大。

马铃薯贸易逆差

马铃薯贸易逆差是指一国在一定时期内（如一年、半年、一个季度、一个月等），马铃薯进口贸易总值大于马铃薯出口总值，俗称"马铃薯入超"，反映的是国与国之间的马铃薯商品贸易状况，也是判断马铃薯产业经济运行状况的重要指标，同时也反映了该国当年在马铃薯对外贸易中处于不利地位。同样，应当设法避免长期出现马铃薯贸易逆差，因为大量逆差将致使国内资源外流，对外债务增加。

马铃薯贸易平衡

马铃薯贸易平衡是指一国在特定年度内马铃薯外贸进、出口总额基本上趋于平衡。纵观世界各国（地区）政府的外贸政策实践，这种现象并不多见。一般来说，在马铃薯对外贸易中应设法保持进出口基本平衡，略有结余，此举有利于马铃薯产业经济健康发展。

马铃薯比较利益

比较利益理论主要包括大卫·李嘉图的比较成本说和赫克歇尔－俄林的要素禀赋理论。实际上，这两种学说都是运用了比较优势对国际贸易做出了解释。大卫·李嘉图（David Ricardo）创立了古典贸易理论。该理论引申至马铃薯产业可知：如果一个国家出口有最大比较利益的马铃薯产品、进口其最小比较利益马铃薯产品，则该国就能在马铃薯贸易中获利。即使一国在生产任何马铃薯产品时生产率都处于绝对不利地位，仍有与他国发生马铃薯贸易的可能，而且可以通过马铃薯贸易获得好处。李嘉图的比较利益学说旨在说明决定国际贸易的基础是比较利益，而不是绝对利益。其核心思想应用于马铃薯产业可知，在国际马铃薯分工中若两国马铃薯生产力不等，甲国生产任何一种马铃薯商品的成本都低于乙国，处于绝对优势。而乙国相反，其劳动生产率在任何马铃薯商品的生产中均低于甲国，处于绝对劣势。这时，两国间进行马铃薯贸易的可能性依然存在，因为两国间劳动生产

率的差距并不是在任何马铃薯商品上都一样，这样处于绝对优势的国家不必生产全部马铃薯商品，而应集中生产在本国国内具有最大优势的马铃薯商品。相应地，处于绝对劣势的国家也要集中力量生产那些不利因素较小的马铃薯商品，然后通过国际间的马铃薯自由交换，在资本和劳动不变的情况下，可以增加马铃薯生产总量，提高生产率，节约参与交换的国家的社会劳动，增加马铃薯产品消费。如此形成的马铃薯国际分工对贸易各国都有利。

按照俄林的理论，同种马铃薯商品在不同国家的相对价格差异是马铃薯国际贸易的直接原因，而马铃薯价格差异则是由各国马铃薯生产要素禀赋不同，从而要素相对价格不同决定的。所以，马铃薯要素禀赋不同是国际马铃薯贸易产生的根本原因。由此，一国具有马铃薯比较优势，因而应出口的马铃薯产品，是他需在生产上密集使用该国相对充裕而便宜的生产要素生产的马铃薯产品；一国具有马铃薯比较劣势，因而应进口的产品，是它需在生产上密集使用该国相对稀缺

而昂贵的生产要素生产的马铃薯产品。比如，劳动力丰裕的国家出口劳动密集型马铃薯产品，而进口资本密集型马铃薯产品；相反，资本丰裕的国家出口资本密集型马铃薯产品，而进口劳动密集型马铃薯产品。

马铃薯产业政策

马铃薯产业扶贫

马铃薯产业扶贫是指以市场为导向，以经济效益为中心，以马铃薯产业发展为杠杆的扶贫开发过程，是促进贫困地区发展、增加贫困农户收入的有效途径。马铃薯产业扶贫是一种内生发展路径，目的在于促进贫困个体(家庭)与贫困区域协同发展，根植发展基因，激活发展动力，通过发展马铃薯产业实现区域内农民增收、脱贫致富。

种薯质量监测

种薯质量认证是通过种薯质量监测来确保种薯质量。我国马铃薯种薯质量控制体系尚不健全，法律约束力不强，市场上对马铃薯种薯质量监管不够，种薯市场混乱，种薯质量不过关，合格种薯种植率低。

2001年，农业部批复在中国建立2个专业从事马铃薯种薯质量监督检验测试的中心（分别坐落在哈尔滨和张家口），承担来自全国各地的种薯质量检测任务。中国各地已建成10个省级和地市级马铃薯质检机构，分布在甘肃、四川、内蒙古等省（自治区）。

马铃薯种薯质量检测具有涉及参数多、检测流程长（其中包括实验室检测技术、田间检测技术和库房检测技术）的特点。现行马铃薯种薯质量标准有：《马铃薯脱毒试管苗繁育技术规程》（GB/T 29375-2012）、《马铃薯脱毒种薯》（GB 18133-2012）、《马铃薯种薯产地检疫规程》（GB 7331-2003）、《农作物种质资源鉴定技术规程 马铃薯》（NY/T 1303-2007）。

种薯认证制度

种薯认证制度是指依据国家或

地方的马铃薯相关标准或规范，由具有一定资格的机构确认并通过颁发认证证书或标志的形式，证明马铃薯符合相应标准的一种办法或制度。马铃薯认证制度一般就是指马铃薯产品和质量体系的认证制度，有以下认证形式：

（1）不同地域范围的认证：国家认证、区域认证和国际认证。

（2）不同认证标志：合格标志认证和安全标志认证。

马铃薯补贴

农业补贴是指一国政府对本国农业支持与保护政策体系中最主要、最常用的政策工具，是政府对农业生产、流通和贸易进行的转移支付。WTO框架下的农业补贴是指针对国内农业生产及农产品的综合支持。马铃薯补贴是政府对马铃薯产业发展给予财政上的支持，主要体现在补贴政策上，国家实施过的马铃薯补贴主要包括以下几种：

（1）大田种植补贴：中央财政对马铃薯实施脱毒种薯扩繁和大田种植补贴，每亩补贴100元，补贴对象是农民、种植大户、家庭农场、农民合作社或企业。

（2）产地初加工补贴：农产品产地初加工补助资金从之前的6亿元增加到10亿元，增长了67%，主要用在马铃薯和果蔬储藏保鲜，其中1亿元专门用于支持马铃薯主食产品开发。

（3）农机、用地、水电补贴：有关部门将完善马铃薯生产扶持政策，落实农业支持保护补贴、农机购置补贴政策，鼓励各地方对马铃薯加工企业实行用地、电、水、气等价格优惠政策。

（4）设施建设与标准化生产补贴：加大对马铃薯生产的投入，支持种薯生产、贮藏设施建设、标准化生产技术推广、市场与信息服务环节。

（5）信贷与保险优惠：国家将引导金融机构积极探索马铃薯产业信贷保障和保险机制，对马铃薯产业增强信贷支持力度，提高贷款额度，降低贷款利率。

马铃薯产业结构政策

马铃薯产业结构政策是指政府制定的有关干预马铃薯产业部门之间资源配置过程，以促进马铃薯产业结构向合理化和高度化方向发展的经济政策总和。

产业结构政策的概念首先出现在第二次世界大战后的日本，战后的日本经济濒临崩溃，日本政府在不同时期实施各有侧重的产业结构政策，促进了该国经济的迅速崛起。

马铃薯产业组织政策

马铃薯产业组织是指马铃薯产业内部各企业间在进行经济活动时所形成的相互联系及其组合形式。因各马铃薯企业间相互联系机制和形式的不同，对资源利用效率及产出效益都有直接的影响，因而利用经济政策改善马铃薯产业组织，实现马铃薯产业组织的合理化，并借此达到资源有效利用、收益公平分配等经济政策一般目标，便成为马铃薯产业组织政策的首要任务。所谓马铃薯产业组织政策，是政府为实现这一目标而对马铃薯产业或企业采取的鼓励或限制性的政策措施。同时，一般认为良好的马铃薯产业组织的形成需以马铃薯

市场结构合理、竞争适度为条件，因而，马铃薯产业组织政策也被称为"禁止垄断马铃薯政策"或"促进竞争马铃薯政策"。

马铃薯产业组织政策的分类：

（1）从政策导向角度看，马铃薯产业组织政策通常分为两类：一是马铃薯产业竞争促进政策，鼓励竞争，限制垄断，主要有反垄断政策或反不正当竞争行为政策及中小企业政策等，它着眼于维持正常的马铃薯市场秩序；二是马铃薯产业合理化政策，主要适用于马铃薯产业鼓励专业化和规模经济，它着眼于限制过度竞争。

（2）从政策对象看，马铃薯产业组织政策可分为马铃薯市场结构控制政策和马铃薯市场行为控制政策两类。马铃薯市场结构控制政策是从马铃薯市场结构方面禁止或限制垄断的政策，如控制马铃薯市场集中度、降低市场进入壁垒等。马铃薯市场行为控制政策是从市场行为角度防范或制止限制竞争和不公正交易行为的发生，以及诈骗、行贿等不道德商业行为的发生。

马铃薯品牌

世界马铃薯大会

总部设在加拿大的世界马铃薯大会每三年举办一次，由世界马铃薯联合公司主办，该机构负责协调、宣传、组织各国马铃薯科研、加工工业、商贸工业及相关组织。其目的是通过技术交流和经贸合作，推进全球马铃薯产业的发展。历届大会上的科技交流和技术、商贸洽谈涉及马铃薯产业发展的各个方面。

中国马铃薯大会

中国马铃薯大会是由中国作物学会马铃薯专业委员会倡导，是1998年从该委员会年会基础上演变而来的。中国作物学会马铃薯专业委员会每年召开一次全国性的年会及学术研讨会，每次都有一个特定的主题。在2006年湖南长沙召开的全国年会上，主办单位首次使用了"中国马铃薯大会"这个名称。从此以后，每届年会都使用这个名称。该会从原来以科教单位为主的

历届世界马铃薯大会情况

届次	时间（年）	地点	主题	参加国（地区）数/人数
第一届	1993	加拿大（爱德华岛）	—	40/800
第二届	1994	英国（哈罗盖特）	—	49/650
第三届	1997	南非（德班）	—	30/450
第四届	2000	荷兰（阿姆斯特丹）	—	50/623
第五届	2004	中国（昆明）	马铃薯在亚洲——重要的食品、巨大的市场	46/1200
第六届	2006	美国（爱达荷州）	—	—
第七届	2009	新西兰（克莱斯特彻奇）	我们的未来食物——马铃薯：持久、营养、美味	—
第八届	2012	苏格兰（爱丁堡）	—	—
第九届	2015	中国（北京延庆）	面向未来，共同发展	38/3000
第十届	2018	秘鲁（库斯科）	追根溯源，共商未来	50/800

马铃薯品牌

103

学术研讨会发展为现在产学研、种　　性盛会。
加销、国内外同行广泛参与的综合

历届世界马铃薯大会情况

届次	时间（年）	地点	主题
1	1998	北京	—
2	1999	内蒙古呼和浩特	—
3	2000	云南昆明	面向 21 世纪的中国马铃薯产业
4	2001	甘肃兰州	马铃薯产业与西部开发
5	2002	河北张家口	高新技术与马铃薯产业
6	2004	云南昆明	中国马铃薯与世界同步
7	2005	黑龙江齐齐哈尔	马铃薯产业开发
8	2006	湖南长沙	马铃薯产业与冬作农业
9	2007	辽宁本溪	发展马铃薯产业，推进现代农业建设
10	2008	北京延庆	马铃薯产业——更快、更高、更强
11	2009	陕西榆林	马铃薯产业与粮食安全
12	2010	贵州贵阳	马铃薯产业与东盟一体化
13	2011	宁夏银川	马铃薯产业与科技扶贫
14	2012	内蒙古乌兰察布	马铃薯产业与水资源高效利用
15	2013	重庆巫溪	马铃薯产业与农村区域发展
16	2014	黑龙江加格达奇区	马铃薯产业与小康社会建设
17	2015	北京延庆	面向未来、共同发展
18	2016	河北张家口	马铃薯产业与中国式主食
19	2017	贵州毕节	马铃薯产业与精准扶贫
20	2018	云南昭通	马铃薯产业与脱贫攻坚
21	2019	湖北恩施	马铃薯产业与健康消费
22	2020	甘肃定西	马铃薯产业与美丽乡村

马铃薯文化节

马铃薯文化节是指通过举办会议和节庆等方式来宣传马铃薯文化、打造地方马铃薯品牌。举办过马铃薯文化节的城市有甘肃定西、内蒙古乌兰察布、宁夏西吉、陕西定边、贵州威宁、山东滕州、广东惠州和贵州贵阳等地。

定边马铃薯文化节是陕西省定边县举办的旅游活动。始于2008年，此后每年一届。节日期间，这里举办开幕式大型文艺演出、现代农业机械推荐展销及农产品展销、马铃薯及世界粮食安全高峰论坛等系列活动。本地通过举办文艺活动、观摩马铃薯种植基地及产品展销会，提高了当地马铃薯、辣椒、荞麦、小杂粮等一批特色农产品品牌在国内外市场上的知名度，是具有地方性特色的一种节日。

2019年7月21日，甘肃省定西市安定区在香泉镇举办首届马铃薯文化旅游节，旨在通过"赏洋芋花海·品回乡风情"发扬"敦厚、包容、坚韧、自强"的安定精神，以促进文体旅游和马铃薯产业融合发展，提高"洋芋花开赛牡丹"的影响力，加快全区经济和文体旅游事业的发展步伐。活动包括文艺汇演、自行车骑行比赛、特色美食展示展销、农事体验、摄影采风等，为广大群众和游客奉献了一场丰富多彩的视觉、听觉、嗅觉、味觉盛宴。

中国（滕州）马铃薯科技文化节是由农业部信息中心、山东省农业厅、中国农业科学院农产品加工研究所、滕州市人民政府等单位主办的发展农业的盛会。中国（滕州）马铃薯科技文化节每年一届，从第九届开始对外发布中国（滕州）马铃薯科技文化节主题诗歌，第十一届马铃薯科技文化节主办方将第十届马铃薯科技文化节主题诗歌《马铃薯的春天》改编成中国（滕州）马铃薯科技文化节主题歌曲《滕州马铃薯之歌》对外发布。

2019年7月20日，第三届中国商都马铃薯美食文化节在内蒙古乌兰察布市商都县开幕。活动旨在通过观赏马铃薯花海、展示马铃薯餐饮技艺、品鉴马铃薯特色佳肴来进一步做大做强马铃薯产业，提升商都县餐饮业水平，打造一个从"田间"到"舌尖"、从"一产"到"三产"的全产业链，不断扩大"中国薯都"的知名度。同时，借此契机，加大招商引资力度，加强与企业之间的交流合作，吸引更多的企业来商都县投资兴业，增强县域经济实力，促进经济高质量发展。

2017年6月19日，贵州威宁彝族回族苗族自治县举办了第六届马铃薯文化艺术节。活动包括马铃薯种薯、商品薯及加工产品展示和以威宁马铃薯产业为主题的摄影展以及参观马铃薯博览馆等内容。该文化艺术节是以市场为导向，以资源为依托，以项目为载体，以推动威宁马铃薯产业发展为主线，从增强"中国南方马铃薯之乡"实力的战略高度出发，围绕"以薯为媒，广交朋友，活商扩市"的办节宗旨，坚持"以文化立形象，以情结聚人气，以展示酿商机，以节会育市场"的理念，努力打造"威宁洋芋"品牌，进一步树立和展示"中国薯城"的良好形象。

2017年3月17日，首届"中国冬种马铃薯之乡"旅游文化节在广东省惠州市惠东县铁涌镇拉开帷幕。旅游文化节活动内容丰富多彩，除了精心设计的惠东县原创旅游音乐展演、摄影大赛、土豆K歌之王、全民薯王争霸赛、土豆彩绘、惠东旅游小主播演说、挖土豆等以马铃薯为主题的活动外，还举办了"土豆文化论坛"，推广冬种马铃薯的科学繁育。惠东铁涌镇镇长赖土坤在接受记者专访时表示，举办"中国冬种马铃薯之乡"旅游文化节，是紧紧围绕市第十一次党代会提出的建设绿色化现代山水城市目标定位的生动实践；是以"绿色化"为引领，结合"以文促旅、以旅惠农"理念在建设文化强市中的生动展示。利用"旅游＋农业"的方式，打造一批满足民众亲近自然、亲近农业的娱乐休闲旅游产品，为农业供给侧结构性改革清障搭台，通过"旅游＋"的外生动力，引领农业经济进一步发展，从而适应农业新常态。首届"中国冬种马铃薯之乡"旅游文化节的举办，提升了人们对"三农"工作的重视，对促进当地特色农业经济飞跃和未来乡村生态旅游文化的发展起到积极的推动作用。

2010年5月，贵州举办了马铃薯文化节，马铃薯文化节展示了贵州省马铃薯的种植面积、总产量、生态、区位、品质、周年生产、文化等优势，宣传和推介马铃薯种薯、商品薯，加强了科研、生产、经贸合作和招商引资，提高了贵州以及新品种"民薯"的知名度，促进了马铃薯加工业的发展及鲜薯外销和脱毒种薯基地的建立，增强了马铃薯市场竞争力，推动马铃薯走向全国、走出国门，促进马铃薯产业健康快速发展，同时增加了农民的收入。

马铃薯休闲观光

马铃薯休闲观光是马铃薯生产和旅游业结合的一种新的发展方式。休闲农业是指利用田园景观、自然生态及环境资源，结合农林渔牧生产、农业经营活动、农村文化及农家生活，提供民众休闲、增进民众对农业及农村之生活体验为目的的农业经营。马铃薯休闲农业是以马铃薯生产活动为基础，将农业和旅游业相结合的一种新型的交叉型产业，也是以马铃薯生产为依托，与现代旅游业相结合的一种高效农业。

马铃薯大饥荒

"马铃薯大饥荒"是指在 19 世纪 40 年代，由马铃薯病害引发的爱尔兰大饥荒。1845 年的爱尔兰只依赖一种作物生存——马铃薯。1845 年夏，马铃薯霜霉病 (Blight) 来势汹汹，导致马铃薯大面积绝产，饥荒发生。大饥荒使爱尔兰付出了惨重的人口代价，包括巨大的人口死亡和大规模人口对外迁徙。大饥荒时期疫病流行，饥荒与疫病交替肆虐，让爱尔兰人陷入了痛苦的深渊。这一灾难给爱尔兰人民留下了永远的精神创伤，也给后世广大发展中国家在作物种植模式，特别是关系国计民生的粮食种植上以深刻教训，由此警示后人不但要反思引发这一悲剧的社会制度根源，还要反思生态系统与自然环境对人类社会发展与进程的重大影响，因此，以环境学的视角去重新审视全球背景下的"哥伦布大交换"，马铃薯在爱尔兰悲与喜的历史也就具有了全新的历史意义。

马铃薯品牌

马铃薯品牌

马铃薯品牌是具有经济价值的马铃薯企业的无形资产，用抽象化的、特有的、能识别的心智概念来表现其差异性，从而使马铃薯品牌在人们的意识当中占据一定位置的综合反映。品牌培育是把马铃薯生物优势、资源优势变成生产优势、品牌优势和文化优势的重要途径。

培育马铃薯区域品牌、企业品牌、产品品牌，提升马铃薯商业价值，打造马铃薯品牌对提高马铃薯市场竞争力具有重要意义。甘肃定西、内蒙古乌兰察布、宁夏西吉、陕西定边、贵州威宁、山东滕州、广东惠州和贵州贵阳等地多次举办马铃薯文化节，获得了不错的品牌效益。

国家地理标志保护产品

国家地理标志保护产品是指产自特定地域，所具有的质量、声誉或其他特性，本质上取决于该产地的自然因素和人文因素，经审核批准以地理名称进行命名的产品。

原国家质量监督检验检疫总局（简称"国家质检总局"）统一管理全国的地理标志产品保护工作。各地出入境检验检疫局和质量技术监督局依照职能开展地理标志产品保护工作。申请地理标志产品保护应依照本规定经审核批准，使用地理标志产品专用标志必须依照本规定经注册登记并接受监督管理。

地理标志产品保护申请由当地县级以上人民政府指定的地理标志产品保护申请机构或人民政府认定的协会和企业提出，并征求相关部门意见。

武川土豆

武川土豆，内蒙古自治区武川县特产，中国国家地理标志产品。2016年2月，原国家质检总局批准对"武川土豆"实施地理标志产品保护。

武川县地处内蒙古自治区中部，是首府呼和浩特的北大门，素有"马铃薯之乡"的美称。因纬度较高，气候凉爽，日照充足，土质疏松且富含各种矿物质，故而非常适合种植马铃薯，所产马铃薯品质绝佳，为薯中极品。武川马铃薯性甘肉沙，羹膳煨灼，无所不宜，并有补气、健脾、调中、益气、增强免疫力等功效，是食用精淀粉、粉皮、粉丝、粉条的上好原料，也是加工薯片、薯条等休闲食品的首选品种。2004 年，内蒙古武川县被"中国·新西部高层论坛"命名为"特色经济最佳县""中国马铃薯之乡"。

武川的马铃薯具有薯体干净，个大肉沙，出粉率高，营养丰富，适口性好，耐贮藏且好运输的特点。

克山马铃薯

克山马铃薯，黑龙江省克山县特产，中国国家地理标志产品和农产品地理标志产品。2015 年 12 月 29 日，原国家质检总局批准对"克山马铃薯"实施地理标志产品保护。

1. 地域范围

克山县自然条件优越，位于黑龙江省西北部，齐齐哈尔东北部，为小兴安岭伸向松嫩平原的过渡地带。地处东经 125°10′57″ ~ 126°8′18″、北纬 47°50′51″ ~ 48°33′47″，海拔 198.7 ~ 381.7 米，地形为丘陵漫岗平原。总土地面积 31.4 万公顷，耕地面积 20.2 万公顷。农产品地理标志保护范围为克山县范围内 15 个乡镇中的 10 个乡镇，分别为古城镇、双河乡、河南乡、河北乡、向华乡、古北乡、北联镇、曙光乡、北兴镇、克山镇，共辖 80 个行政村，地域保护面积 20 万公顷，其中马铃薯生产面积 2.7 万公顷。

2. 产品品质特征

（1）外在感官特征：薯型为圆形或椭圆形，表皮麻纹，黄皮黄肉或白皮白肉，芽眼较浅，适宜鲜食菜用。煮食时口感香而滑润，风味独特；烹菜时口感较好，不宜断裂。克山县马铃薯营养丰富，是全国马铃薯的代表，享誉国内外。

（2）内在品质指标：克山马铃薯尤以淀粉、蛋白质、铁、维生素 C、维生素 B1 和维生素 B2 的含量最为丰富。淀粉含量一般在 17% 左右，干物质一般为 21.5% 左右。2500 克鲜马铃薯含有蛋白质 42 克、脂肪 15.5 克、糖类 615 克、热量 2770 卡、粗纤维 31 克、矿物质 1586.5 克、维生素 452.05 毫克。

3. 安全要求

保护环境等措施能够使基地符合国家生产无公害马铃薯的生产条

马铃薯品牌

件：环境质量达到 NY5010-2002 标准，产品质量达到无公害食品薯芋类蔬菜 NY5221-2005 标准。

建立环境保护制度：严格控制在基地方圆 5 公里和上风向 20 公里范围内不许新建有污染源的工矿企业，防止工业"三废"污染基地的出现；设立环境保护标志牌；标志范围内的畜禽养殖场粪水要经过无害化处理，施用的农家肥必须经高温发酵腐熟，确保无害。

4. 特定生产方式

（1）地块选择：实行三茬以上轮作，以豆类、麦类、玉米等为前茬，选择有深翻基础、土质疏松、排水良好的地块，适宜的 pH 值为 5.0 ～ 7，小麦、玉米茬较为适宜，大豆、杂粮茬次之，忌用甜菜茬，禁忌与茄科作物连作。

（2）品种选择：选择具有代表性的当地主栽品种，在选用脱毒种薯的基础上，根据用途选择品种。克山县在 20 世纪 90 年代以前所用品种以克新 1 号、克新 2 号、克新 4 号、克新 12 号等为主，品种较少，多为商品薯，优质加工类型品种更少。20 世纪 90 年代后，一些新的优良品种先后被推广，克字号

系列品种已经发展到 20 多个，而且品种特征多样，同时还引进了早大白、大西洋等一些优良的外来品种。

（3）主要技术控制：在严格的地块、品种选择的基础上，普遍推广应用脱毒种薯技术；普遍推广土壤深耕深松技术；普遍实施测土配方施肥技术；普遍应用大垄栽培技术；普遍使用无公害肥料和农药，农家肥要经过无公害处理；种、管、收实现全程机械化。

（4）产品收获：待地上部茎叶全部由绿变黄、块茎停止膨大后，根据鲜薯上市、交售、贮藏时间适期收获。收获前一周杀秧，收获的鲜薯先要充分摊晾，待薯皮木栓化后方可运输、贮藏。

（5）生产记录要求：对生产地点，土壤耕作茬口，所使用的农机具，所施用肥料名称、施肥方式、施肥时间、施肥量、施用农药名称、施药方式和施药时间，收获、仓储、销售等项目的日期等进行详细的记录。

5. 包装标识相关规定

（1）包装：在包装方式上采用箱式包装和袋式包装两种。

（2）标识：标志使用人应在其产品或包装上统一使用农产品地理标志（克山马铃薯名称和公共标识图案组合标注形式）。

围场马铃薯

围场马铃薯，河北省围场满族蒙古族自治县特产，中国国家地理标志产品。

围场马铃薯具有产量高、薯形大、无病毒、食味佳等特点，营养价值高，口感好，含有糖类、矿物质、蛋白质、维生素等多种营养物质，有荷兰15号、克新、渭薯、夏坡蒂、大西洋、费乌瑞它等十几个品种。围场满族蒙古族自治县被誉为"中国马铃薯之乡"。2009年11月，原国家质检总局批准对"围场马铃薯"实施地理标志产品保护。

1. 产品特点

围场马铃薯有产量高、薯形大、无病毒、食味佳等特点，围场马铃薯营养含量高、口感好；围场马铃薯含有糖类、矿物质、蛋白质等营养物质；有荷兰15号、克新、渭薯等十几个品种。

2. 产地环境

围场马铃薯产自河北省围场满族蒙古族自治县，围场满族蒙古族自治县地处内蒙古高原和冀北山地的过渡带，为阴山山脉、大兴安岭山脉的尾部与燕山山脉的接合部，地势西北高东南低。地处坝下、接坝、坝上三大地形区，主要位于坝上草原地区，全县平均海拔1500米。最高峰为大光顶子山，海拔2067米。

围场属北（寒）温带—中温带、半湿润—半干旱、大陆性季风型、高原—山地气候，冬长夏短。夏天，受副热带暖高压影响，盛行偏南风，天气温暖多雨，无明显盛暑季节；冬天受西伯利亚冷高压控制，盛行偏北风，气候寒冷干燥。春秋两季则是这两种气团的转换季节，风向多变，天气复杂，气温变化剧烈。春季气温回暖快，天气干燥少雨，秋季气温迅速变凉，气候凉爽怡人，且坝上、坝下不同区域气候条件很不一致，小气候差异很大，适宜种植马铃薯。

3. 历史渊源

清朝，木兰围场开围，围场开始种植马铃薯，已经有300多年的历史。

1999年，河北省围场满族蒙古

111

族自治县被国务院命名为"中国马铃薯之乡"。

2012年，河北省围场满族蒙古族自治县成立围场县马铃薯产业协会。

2016年，河北省围场满族蒙古族自治县成立马铃薯产业联盟。

4. 产品荣誉

2009年11月，原国家质检总局批准对"围场马铃薯"实施地理标志产品保护。

5. 地理标志

地域保护范围为河北省围场满族蒙古族自治县现辖行政区域。

6. 立地条件

保护区范围内海拔750~1300米，pH值5.8~7.0，选择地块平坦，排灌方便，结构适宜，理化性状良好，保肥、保水能力较强的耕地。土壤类型为棕壤，质地为沙壤或壤土。土层厚度大于40厘米，有机质含量≥1.5%。

7. 栽培管理

（1）种薯选择：选择脱毒种薯，种薯单个重达75克以上，剔除疡、烂、杂畸形薯。

（2）种薯处理：播种前选晴天，将选好的品种薯摊于地上晾晒

2~3天，在15℃~25℃条件下，当芽长长至0.5~2毫米，芽块重不小于50克时挖芽。

（3）播种：4月下旬至5月中旬播种，密度每亩在4000株左右。

（4）施肥：每亩施有机肥不少于3000千克，每亩用含氮、磷、钾各15%的马铃薯专用肥35千克以上，团均后结合中耕追施尿素7.5千克，硫酸钾7.5千克。

（5）收获：7月下旬至10月上旬因品种茎叶枯黄收获。

（6）环境、安全要求：农药、化肥等的使用必须符合国家的相关规定，不得污染环境。

8. 质量特色

（1）感官特色：表皮光滑、芽眼浅、薯块呈圆形或椭圆形。

（2）理化指标：块茎单个重150克至500克，干物质含量≥17%，淀粉含量≥14%。

（3）安全要求：产品安全指标必须达到国家对同类产品的相关规定。

9. 专用标志使用

围场马铃薯地理标志产品保护范围内的生产者，可向河北省围场满族蒙古族自治县质量技术监督局

提出使用"地理标志产品专用标志"的申请，经河北省质量技术监督局审核，由国家质检总局公告批准。围场马铃薯的法定检测机构由河北省质量技术监督局负责指定。

定西马铃薯

定西马铃薯是甘肃省定西市特产，中国国家地理标志产品。2017年12月29日，原国家质检总局批准对"定西马铃薯"实施地理标志产品保护。

1. 地域特点

定西市安定区地处青藏高原、蒙新荒漠、东南季风区汇合处之内，属半干旱农业气候区，海拔在1700～2580米之间，地处高寒二阴区。受地形和海拔高度影响，这里春季风大雨少，冷暖无常，多寒潮；夏季温和凉爽，雨水集中，多洪雹；秋季降温快，多阴雨，多云雾；冬季多风寒冷，干燥少雪，多晴天。整体而言，安定区气候凉爽，土层深厚，肥力中上，富含钾素，光照充足，昼夜温差大，年降水量少，主要集中在7月、8月、9月这三个月，与马铃薯块茎膨大期吻合，

雨热同期，非常适合定西马铃薯的生长，具有发展马铃薯产业得天独厚的自然条件。由于特定的自然气候和农田环境条件，定西所产马铃薯个大、质优、色白、形圆，薯皮光滑，口感醇香，干物质含量高，耐贮藏运输，是各种马铃薯淀粉及其制品生产的上好原料和鲜食外销的优质产品。国内外许多知名专家实地考察后认为，马铃薯既是适宜定西种植的首选作物之一，同时又是顺应市场、发展特色产业的最佳作物。

2017年12月29日，原国家质检总局批准对"定西马铃薯"实施地理标志产品保护。2019年11月，入选中国农业品牌目录2019农产品区域公用品牌。

2. 产品特点

（1）品质特性

定西马铃薯是多年生草本植物，但作一年生或一年两季栽培。地下块茎呈圆、卵、椭圆等形，有芽眼，皮呈红、黄、白或紫色。地上茎呈棱形，有毛，奇数羽状复叶。聚伞花序顶生，花为白、红或紫色；浆果球形，为绿色或紫褐色；种子肾形，黄色。

马铃薯品牌

（2）营养价值

马铃薯鲜薯可供烧煮作粮食或蔬菜，但鲜薯块茎体积大，含水量高，运输和长期贮藏有困难。马铃薯的鲜茎叶通过青贮可作饲料。马铃薯的赖氨酸含量较高，且易被人体吸收利用。脂肪含量为千分之一左右。矿物质比一般谷类粮食作物高1~2倍，含磷尤其丰富。马铃薯是含维生素种类和数量非常丰富的作物，特别是维生素C，每百克鲜薯含量高达20~40毫克。

马铃薯含有丰富的维生素B1、B2、B6和泛酸等B族维生素及大量的优质纤维素，还含有微量元素、氨基酸、蛋白质、脂肪和优质淀粉等营养物质。

3. 产地环境

定西马铃薯产自甘肃省定西市，定西地处西秦岭余脉和黄土高原接合部的高原丘陵地带，处在北纬34°26'~35°35'，东经103°52'~105°13′之间，全市总面积1.96万平方千米，总耕地面积1218.6万亩。地势西高东低，海拔1420~3941米，境内渭河透迤东注，洮河曲折北流，构成黄河中上游的主要支流。

定西气候属温带半湿润和中温带半干旱区，东南暖湿气流受阻，大陆性气候特征明显，四季分明，夏无酷暑，冬无严寒。年平均气温5.7℃~7.7℃，年降水量400~600毫米，无霜期142天，日照充足，适宜种植马铃薯。

4. 历史渊源

定西种植马铃薯已有200多年的历史。

20世纪80年代之前，马铃薯在甘肃定西被看作度荒充饥的口粮。

1996年，定西提出实施"洋芋工程"，开始转变生产方式，由自给自足走向规模扩张、产业培育。

2008年，定西马铃薯产业步入科学化布局、集约化种植、标准化生产、精深化加工、品牌化营销的阶段。

5. 地域保护范围

定西马铃薯产地范围为甘肃省定西市行政区域内所辖安定区和陇西县、通渭县、渭源县、临洮县、漳县、岷县。

6. 品种

马铃薯品种包括青薯9号、冀张薯8号、冀张薯14号、新大坪、陇薯系列、定薯系列。

7. 立地条件

海拔在 1640 ～ 3900 米，土壤类型以黑垆土、黄绵土为主，耕层深厚，有机质含量 ≥ 0.8%，土壤 pH 值为 5.5 ～ 7.8。

8. 栽培管理

（1）播种：10 厘米土层温度稳定在 7℃ ～ 9℃ 即可播种，一般在 4 月中旬至 5 月上旬。种薯薯块 ≥ 25 克，每个薯块有 1 ～ 2 个芽眼，每公顷播种密度 49500 ～ 75000 株。

（2）施肥：每公顷施优质农家肥 15000 千克，马铃薯专用肥 750 ～ 1200 千克。

（3）轮作制度：实行 3 年以上轮作。

9. 采收

一般在 9 月中旬至 10 月中旬收获。

10. 贮藏

收获后及时入库，以免薯皮变绿，强制通风，避免腐烂，贮藏期间温度保持在 0℃ ～ 4℃，相对湿度 80% 左右。

11. 质量特色

（1）感官特色：呈圆形或椭圆形，芽眼浅，薯皮光滑。

（2）理化指标：淀粉含量 ≥ 16 克 /100 克，干物质含量 ≥ 23 克 /100 克，钾含量 ≥ 350 毫克 /100 克。

（3）安全要求：产品安全及其他质量技术要求必须符合国家相关规定。

12. 专用标志使用

定西马铃薯产地范围内的生产者，可向定西市质量技术监督局提出使用"地理标志产品专用标志"的申请，经甘肃省质量技术监督局审核，报质检总局核准后予以公告。定西马铃薯的检测机构由甘肃省质量技术监督局在符合资质要求的检测机构中选定。

讷河马铃薯

讷河马铃薯，黑龙江省讷河市特产，中国国家地理标志产品。2009 年 5 月 4 日，原国家质检总局正式批准"讷河马铃薯"实施地理标志产品保护。

讷河市位于黑龙江省齐齐哈尔市北部，大、小兴安岭脚下，松嫩大平原北端，地理位置为东经 124°18′ ～ 125°59′，北纬 47°51′ ～ 48°56′。北靠嫩江县，东与五大连池市、克山县接壤，南与

马铃薯品牌

依安、富裕两县为邻，西与甘南县和内蒙古自治区的莫力达瓦达斡尔族自治旗隔江相望，是一个以平原为主、丘陵为辅的平原地区。讷河市地处世界三大黑土带之一，地域辽阔，土地肥沃，资源丰富，有"中国马铃薯之乡"的美誉。马铃薯具有外形大而光鲜、内含淀粉高、产量高、品质好、口感好、营养丰富、不易退化、无污染等优点。

1. 主要品种

讷河马铃薯的主要品种为讷漠尔。

2. 产地条件

选择土质疏松、耕层厚度 ≥ 40 厘米、有机质含量 ≥ 4%、土壤 pH 值为 6.5 ~ 7.2 的黑土、黑钙土、沙壤土。

3. 栽培管理

（1）轮作制度：执行薯、豆、杂（经）"三区四圃"轮作制度。

（2）种薯选择：选用脱毒种薯，种薯选择具有本品种特性、薯形规整的壮龄薯。

（3）种薯切块：每个薯块最少带 1 个芽眼。切立块，薯块重 ≥ 30 克。

（4）播种：播种时间为 4 月 25 日至 5 月 15 日，气温稳定通过 6℃ 至 7℃。

（5）密度：每公顷保苗 ≤ 7.2 万株。

（6）水肥管理：现蕾期保持田间相对持水量 70% ~ 80%。每公顷施农家肥 22.5 ~ 30 立方米，复合肥 N、P_2O_5、K_2O 总量为 0.15 ~ 0.25 吨作基肥，复合肥 N：P_2O_5：K_2O 为 2：1：4，并配合施用生物肥。

（7）环境、安全要求：农药、化肥等的使用必须符合国家的相关规定，不得污染环境。

4. 质量特色

（1）感官特征：形状椭圆形，薯形规整，直径 5 ~ 12 厘米，单薯重 150 ~ 700 克，芽眼浅，无空心。口感：熟食表现为干、甜、面，不回生，无麻辣感。

（2）理化指标：马铃薯淀粉含量 ≥ 15.5 克 /100 克，维生素 C 含量 ≥ 12.5 毫克 / 千克，膳食纤维含量 ≥ 0.6 克 /100 克。

（3）安全要求：产品安全指标必须达到国家对同类产品的相关规定。

5. 历史溯源

讷河市有 150 年的马铃薯种植历史，早在 20 世纪 70 年代末（1979

年）就是中国主要的马铃薯种薯生产基地。

6. 产品荣誉

1996年，讷河被命名为"中国马铃薯之乡"。

2009年，"讷河马铃薯"被批准为国家地理标识保护产品。

2016年，"讷河马铃薯种薯"获批国家生态原产地保护产品，并通过欧盟认证。

2020年2月26日，黑龙江省讷河市讷河马铃薯中国特色农产品优势区被认定为第三批中国特色农产品优势区。

7. 地理标志

地域保护范围：讷河马铃薯地理标志产品保护范围为黑龙江省讷河市讷河镇、拉哈镇、老莱镇、龙河镇、学田镇、通南镇、九井镇、讷南镇、二克浅镇、长发镇、六合镇、同义镇、同心乡、和盛乡、兴旺乡、孔国乡16个乡镇现辖行政区域。

恩施马铃薯

恩施马铃薯为湖北省恩施市特产，中国国家地理标志产品。2017年11月，原国家质检总局批准对"恩施马铃薯"实施地理标志产品保护。

1. 历史渊源

清宣宗道光二年（1822年），恩施就有马铃薯种植；1978年，天池山农科所开始研究脱毒种薯；1983年，国家农业部在西南山区13个省份选点考察，最终选定在恩施建立了中国南方马铃薯研究中心。

2. 地理标志

地域保护范围：恩施马铃薯产地范围为湖北省恩施市现辖行政区域。

3. 品种选择

有米拉、鄂马铃薯5号、鄂马铃薯10号、鄂马铃薯11号、鄂马铃薯12号、鄂马铃薯13号、鄂马铃薯14号、华恩1号、中薯5号、费乌瑞它、青薯9号及引进和新选育的适宜当地种植的优良品种。

4. 产地条件

在海拔400～2000米，选择排灌方便、土层深厚、结构疏松，前茬未种植茄科作物的中性或微酸性土壤种植，土壤质地为沙壤土，pH值5.5～7.0，土层厚度≥40厘米。

5. 栽培管理

（1）种薯：选用脱毒种薯，50克左右的种薯进行整薯播种，50克以上的切块播种，切块时选择晴天进行，使用75%的酒精对切刀消毒，采用纵切法将切块一剖两开，每块至少有2个芽眼，平摊晾干。

（2）播种：适时播种，低山区以第一年12月至第二年1月播种为宜，二高山区以1月至2月播种为宜，高山区以3月至4月播种为宜。马铃薯单作密度以4000～4500株/亩为宜，马铃薯与玉米套作密度以2000～2300株/亩为宜。

（3）施肥：每亩施农家肥1500千克或生物有机肥150千克，适当增施测土配方肥。

（4）病虫防控：按照"预警为先，预防为主，科学防控，统防统治"的原则，重点抓好晚疫病、蚜虫、地下害虫等病虫害防治。禁施高毒、剧毒、高残留农药。

（5）环境、安全要求：农药、化肥的使用必须符合国家相关规定，不得污染环境。

6. 质量特色

（1）感官特色：具有品种典型的形状特点，肉色均匀，口感细腻、面、绵、香。

（2）理化指标：单薯重≥50克，干物质含量≥20%，淀粉含量≥14%

（3）安全及其他质量技术要求：产品安全及其他质量技术要求必须符合国家相关规定。

固原马铃薯

固原马铃薯是宁夏回族自治区固原市特产，中国国家地理标志产品。2017年1月，原国家质检总局批准对"固原马铃薯"实施地理标志产品保护。

1. 品种

淀粉加工型品种：庄薯3号、陇薯3号、陇薯7号、陇薯8号、陇薯10号、陇薯11号、宁薯15号、天薯11号等；鲜食菜用型品种：克新1号、陇薯6号、青薯9号、冀张薯8号、宁薯14号、中薯18号、中薯19号、中薯21号、丽薯6号、费乌瑞它等。

2. 产地条件

海拔1600～2300米，土壤为黄绵土、黑垆土，土壤质地为壤土、轻壤土，有机质含量≥12克/千克。

3. 栽培管理

（1）播种：4月中旬至5月上旬。播种用薯块 ≥ 40克，每个薯块不少于2个芽眼。

（2）施肥：每亩施有机肥 ≥ 3000千克。

（3）环境、安全要求：农药、化肥等投入品使用必须符合国家相关规定，不得污染环境。

（4）收获：每年9月中旬至10月初，当大部分马铃薯茎蔓由绿变黄开始枯萎时收获。

4. 质量特色

（1）感官特色：芽眼较浅、表皮光滑。煮熟时，表皮爆开，口感香而滑润。

（2）理化指标：淀粉含量17% ~ 22%，干物质含量20% ~ 24%。

（3）安全及其他质量技术要求：产品安全及其他质量技术要求必须符合国家相关规定。

5. 专用标志使用

固原马铃薯产地范围内的生产者，可向固原市市场监督管理局提出使用"地理标志产品专用标志"的申请，经宁夏回族自治区质量技术监督局审核，报质检总局核准后予以公告。固原马铃薯的检测机构由宁夏回族自治区质量技术监督局在符合资质要求的检测机构中选定。

定边马铃薯

定边马铃薯是陕西省定边县特产，中国国家地理标志产品。2009年7月9日，原国家质检总局批准对"定边马铃薯"实施地理标志产品保护。

1. 地域范围

定边县定边镇、贺圈镇、砖井镇、安边镇、白泥井镇、白湾子镇、姬塬镇、堆子梁镇、杨井镇、红柳沟镇、新安边镇、纪畔乡、石洞沟乡、郝滩乡、周台子乡、黄湾乡、学庄乡、张崾先乡、樊学乡、盐场堡乡、武峁子乡、王盘山乡、油房庄乡、冯地坑乡、白马崾先乡25个乡镇现辖行政区域。

定边县海拔高，气候冷凉，光照充足，雨热同季，昼夜温差大，加之土地广阔、土层深厚、土质疏松，适宜耕作，为马铃薯生长发育创造了得天独厚的自然地理气候环境，是中国马铃薯最佳优生区之一。

马铃薯品牌

定边县主推品种有紫花白、费乌瑞它、陇薯3号、大西洋、夏波蒂、新大坪、早大白等，优质薯年推广面积达60万亩。定边种薯退化慢、病虫害少、产量高、质量好，旱地一般亩产1500千克左右，水地亩产可达3000千克左右。定边商品薯个大，形圆，光泽度好，无污染，无畸形，耐储运，淀粉含量高（16%～23%），鲜食口感极佳，加工产品色泽鲜亮，鲜食加工兼用，是天然的无公害绿色食品。

2. 产品特点

作为传统的粮菜兼用作物，马铃薯是定边县农业产业中种植面积最大、分布范围最广、种植历史久远的农作物。定边马铃薯种薯因县内特有的自然气候等特点，品种退化较慢、病虫害少、质量好，是宁夏、甘肃、陕西、湖南等地重要的种薯供应基地。

定边马铃薯个头大，芽眼浅，皮薄肉嫩，薯形规整，口感绵香，干物质、淀粉、蛋白质等营养成分含量高，耐储运，品质优良，是天然的无公害绿色食品。定边马铃薯产品品质也十分优良，特别是淀粉以其优异的白度、黏度、糊化度、透明度、低蛋白、低酸性及良好的成膜性、抗凝沉性等理化指标，成为各类淀粉中的上等佳品。

3. 产地环境

陕西省定边县位于陕北黄土高原西北部，土地辽阔，温差大，日照充足，土壤条件和当地气候最适合马铃薯生长。

定边县总土地面积6920平方千米，其中耕地2000平方千米，是中国150个产粮大县之一。县境内地域广阔，地势平缓。土壤类型以沙壤土、黄绵土、黑垆土为主，土层深厚，土质疏松，透气性好，富含钾素，土壤条件非常适宜马铃薯生长发育。全县海拔1303～1907米，光照充足、气候冷凉、空气干燥、昼夜温差大，雨热同季，降水分布规律与马铃薯块茎膨大期相吻合，有利于马铃薯干物质积累，也有利于抑制马铃薯病毒的蔓延，减缓马铃薯品种和品质的退化速度。有关专家实地考察后认为，定边是中国乃至世界上马铃薯最佳优生区之一，具有生产无公害农产品得天独厚的条件。

定边县地处陕甘宁蒙四省区交界处，位于榆林"人"字形工业走廊西端，西距宁夏银川市159千米，在大银川经济辐射圈之内。太中银铁路、青银高速公路和307国道横贯东西，303省道纵跨南北，发达的交通网络为定边马铃薯产品外运和交易提供了非常便利的条件。

4. 历史渊源

定边县种植马铃薯有近400多年的历史，在当地形成了独特的马铃薯文化。这种文化是黄土文化、草原文化、三边文化的交相辉映，历史悠久，积淀深邃。据《定边营志》载："高山之民，尤赖马铃薯为生活，万历前惟种高山，近则高下俱种。"

从2003年起，定边县在榆林市率先开展了马铃薯脱毒种薯引进扩繁工作，建立了15万亩马铃薯良种繁殖基地，年生产脱毒试管苗1200万株、原原种2.5万粒、原种薯1.5万吨、一级薯22万吨，良种覆盖率达80%。全县以紫花白为主，形成了费乌瑞它、夏波蒂、陇薯3号、大西洋、布尔班克、荷兰7号等多品种、多用途生产格局。

2007年，定边县邀请了中国马铃薯专业委员会副主任、东北农业大学教授陈伊里等数名国内马铃薯专家，编制了《定边县2008—2015年马铃薯产业发展规划》，明确了产业发展的指导思想和奋斗目标，把马铃薯产业发展放在了全县国民经济和社会发展的首要位置，成立了"马铃薯产业发展领导小组"，保证马铃薯产业朝着健康有序的方向发展。

2008年，在首席专家东北农业大学陈伊里教授、国际马铃薯中心驻中国代表谢开云博士等有关专家指导下，定边县实施了农业部马铃薯创高产示范项目。经国内数名马铃薯专家实地测产验收，万亩马铃薯种植示范区平均亩产达到4888公斤，60亩攻关田平均亩产达到6716公斤，均为当时全国最高纪录。

2009年开始，定边县大力发展节水灌溉马铃薯，已经累计发展到8.6万亩，其中喷灌面积5.3万亩、地灌面积3.3万亩。

2014年，定边县在油房庄乡张洼村实施农业部粮油作物高产创建项目，积累马铃薯山旱地高产创建经验，并在项目区召开了全省马铃薯晚疫病防控作业现场会。通过开展马铃薯高产创建示范活动，定边马铃薯产业发展真正由过去的粗放扩张转向依靠科技进步提高质量效

马铃薯品牌

益的轨道上来。

5. 产品荣誉

2007年，定边县被农业部命名为"中国马铃薯特产之乡"。

2007年，定边县被陕西省农业厅认定为无公害马铃薯生产基地。

2008年，定边马铃薯被中国国际地理标志展览会办公室授予"中国区域特色名优产品奖"。

2009年7月9日，原国家质检总局批准对"定边马铃薯"实施地理标志产品保护。

6. 产地条件

主要土壤类型为沙壤土、黄绵土，土质疏松，土层厚度在1米以上，宜耕性好，pH值为6.5～8.5，有机质含量≥0.68%。

7. 栽培技术

（1）选地倒茬：选择土壤疏松、土层深厚、易于排灌的沙壤土进行栽培，土壤透气性好。不宜连茬种植，不宜与茄子、番茄等茄科类作物以及甜菜、胡萝卜等喜钾作物轮作。适宜与谷子、麦类、玉米、豆类作物3～5年轮作。

（2）种子处理：选用萌动脱毒种薯，在适宜温度条件下催壮芽1～2厘米，切块，每块重量≥25克，包括1～2个壮芽，切刀要消毒。

（3）播种：深翻深度≥25厘米，4月20日至5月底均可播种。播种密度为每亩2500～4500株，每公顷37500～67500株。

（4）施足底肥：水地亩施农家肥3000～4000千克，纯氮肥10～12千克，纯磷肥6～8千克，纯钾肥6～10千克；旱地亩施农家肥1000～1500千克，纯氮肥6～8千克，纯磷肥2～4千克，纯钾肥6～8千克。

（5）田间管理：

①中耕除草。齐苗后和现蕾期，进行两次中耕除草培土。

②肥水管理。马铃薯一般在施足底肥的情况下，重点结合中耕除草调节好水分供应。有灌水条件的水地一般在开花前、薯块膨大期各灌一次水。旱地主要是结合中耕除草搞好蓄水提墒保墒。

8. 采收

9月下旬至10上旬收获，一般掌握在植株大部分茎叶变黄、块茎停止膨大、匍匐茎干缩易于块茎分离时收获，收获应在晴天且土壤干爽时进行。采收时要避免薯块损伤。

9. 质量特色

（1）感官特色：薯形为椭圆形，规整匀称，单薯重 100 ~ 400 克，芽眼浅、少，表皮干爽、白净、光滑，白皮白肉，熟食口感绵、香、甜，无麻辣感。

（2）理化指标：水分含量≤ 79 克/100 克,淀粉含量≥ 14 克/100 克，蛋白质含量≥ 2.2 克 /100 克，维生素含量≥ 14 毫克 /100 克，还原糖含量≤ 0.6 克 /100 克。

（3）安全要求：产品安全指标必须达到国家对同类产品的相关规定。

10. 专用标志使用

定边马铃薯地理标志产品保护范围内的生产者，可向陕西省定边县质量技术监督局提出使用"地理标志产品专用标志"的申请，经陕西省质量技术监督局审核，由国家质检总局公告批准。定边马铃薯的法定检测机构由陕西省质量技术监督局负责指定。

达茂马铃薯

达茂马铃薯是内蒙古自治区达尔罕茂明安联合旗（以下简称"达茂旗"）特产，中国国家地理标志产品。

马铃薯为茄科茄属植物，原产于南美洲。明万历年间传入中国，清康熙、乾隆年间，达茂旗地区开始大面积种植马铃薯。中华人民共和国成立后，达茂旗当地农业部门先后引进培育了"里外黄""克疫"等优良品种，该品种具有抗寒、抗旱、高产的特点，这既提高了马铃薯的产量，又保证了马铃薯的质量。达茂旗现在有 2 家大型马铃薯种薯培育基地、10 家大型马铃薯种植基地、20 多家马铃薯销售公司。经多年种植培育，达茂马铃薯具有块大整齐、干物质含量高、品质好、无污染、表皮光滑的特质，深受消费者的青睐，已成为内蒙古农产品外销和出口量较大的的商品。

2015 年 12 月 29 日，原国家质检总局批准对"达茂马铃薯"实施地理标志产品保护。

1. 品种选择

选择适合产地种植的克新 1 号、紫花白、费乌瑞它、大西洋等脱毒种薯。

2. 产地条件

耕地以沙壤土为主，土层深厚，

结构疏松，有机质、有益矿物质含量较高。雨热同季，降水少而集中，日照长、光照足，具备种植马铃薯的优越气候环境。

3. 栽培管理

（1）选地整地：要求地势平坦，有灌溉条件，排水良好，耕层深厚、疏松的沙壤土。

（2）种薯处理：在选用良种的基础上，选择薯形规整，具有本地品种典型特征，薯皮光滑、色泽鲜明，重量为 50 ~ 100 克大小适中的无病虫害的健康种薯作种。

（3）施肥要求：基肥要占总用肥量的 3/5 或 2/3。基肥以腐熟的堆厩肥和发酵过的畜禽粪等有肥机为主，配合磷、钾肥使用。

（4）田间管理：需做到查苗补苗，中耕培土，追肥，有效防治病虫害。

（5）收获：最佳收获时间为 10 月 1 日至 10 月 15 日，提前或推后不超过 5 ~ 7 天，以减轻后期低温的不利影响，进而提高马铃薯的品质。收获后的鲜薯，要严格去杂去劣去病，晾晒后入窖，严格按照马铃薯贮藏技术规程进行，严防鲜薯皮碰伤。

（6）窖贮：窖贮不宜超过贮量的 2/3，温度保持在 1℃ ~ 3℃，相对湿度不得超过 80%。

4. 质量特色

（1）感官特色：块大整齐，干物质含量高，品质好，病虫斑少，无污染，表皮光滑。

（2）理化指标：维生素 C 含量为 20 ~ 24 毫克/100 克，钠含量为 3.02 ~ 3.98 毫克/100 克，碳水化合物含量为 14 ~ 15 克/100 克，膳食纤维含量为 2.5 ~ 3.0 毫克/100 克，脂肪含量为 0.09 ~ 0.11 毫克/100 克。

5. 安全及其他质量技术要求

产品安全及其他质量技术要求必须符合国家相关规定。

农产品地理标志产品

农产品地理标志产品是指标示农产品来源于特定地域，产品品质和相关特征主要取决于自然生态环境和历史人文因素，并以地域名称冠名的特有农产品标志。根据《农产品地理标志管理办法》规定，农业部负责全国农产品地理标志的登记工作，农业部农产品质量安全中心负责农产品地理标志登记的审查和专家评审工作。省级人民政府农业行政主管部门负责本行政区域内农产品地理标志登记申请的受理和初审工作。农业部设立的农产品地理标志登记由专家评审委员会负责专家评审。

此处所称的农产品是指来源于农业的初级产品，即在农业活动中获得的植物、动物、微生物及其产品。

滕州马铃薯

滕州马铃薯是山东省枣庄市滕州市特产之一，全国农产品地理标志产品。2008年12月3日，中华人民共和国农业部正式批准对"滕州马铃薯"实施农产品地理标志登记保护。2019年11月，入选2019农产品区域公用品牌。

1. 地域范围

滕州市位于山东省西南部，苏、鲁、豫、皖四省交界处的淮海经济区中心，辖17个乡镇和4个办事处，1226个行政村，总人口156万人，农业人口128.8万人。全市总土地面积1485平方千米，耕地面积746.67平方千米，东西宽45千米，南北长46千米，地势由东北向西南倾斜。滕州市北部的界河镇、龙阳镇、姜屯镇、大坞镇4个乡镇的161个行政村，春、秋两季种植马铃薯。地理坐标为东经116°53′~117°12′，北纬35°04′~35°18′。

2. 产品品质特征

（1）外在感官特征：滕州马铃薯在长期的栽培和自然选择下，形成了自己独特的产品特征，其品种以费乌瑞它系列为主，生产出的马铃薯形状为长椭圆形，薯块芽眼较浅，表皮光滑，黄皮黄肉，适宜鲜食菜用。

（2）内在品质指标：内在营养丰富，以100克鲜马铃薯为例：淀粉含量为9.1%，蛋白质含量为7克，脂肪含量为0.2克，糖类含量为17克，热量为337卡，粗纤维含量为1.3克，矿物质含量为65.2克，维生素含量为19.5毫克。滕州马铃薯中粗纤维、蛋白质、铁、维生素C、维生素B1和维生素B2的含量较为丰富。

（3）安全要求：大气、灌溉水、地面水、农药防治执行标准：

马铃薯品牌

GB3095-1996 大气质量标准、GB5084-1992 农田灌溉水质量标准、GB3838-1988 国家地面水质量标准、GB4285-1989 农药安全使用标准。

3. 特定生产方式

（1）产地选择与特殊内容规定：选择排灌条件好，土质较轻，土层深厚、疏松、肥沃、通透性好的地块。实行三茬以上轮作，以豆类、玉米、大葱等为前茬，禁忌与茄科作物连作、对茬。前茬作物收获后彻底清洁田园。入冬时深翻，同时撒施土杂肥，耕深 25 厘米，播种前耙细、耙匀，做到上松下实。

（2）品种选择与指定要求：选择具有代表性的当地品种"费乌瑞它系列"，选用质量符合国标要求的脱毒 G2、G3 种薯。

（3）产品收获：5 月初即可收获上市，根据鲜薯上市、交售、贮藏时间适期收获。收获时轻拿轻放，避免滑皮。销售时按规定要求包装。

（4）生产记录要求：对产品生产地点，土壤耕作茬口，所使用的农机具，所施用的肥料名称、施肥方式、施肥时间、施肥量、施用农药名称、施药方式、施药时间及施药对象，产品收获、销售等项目的日期、方式、数量等进行详细的记录。

4. 历史渊源

滕州市有近 100 多年的马铃薯种植历史。2006 年，滕州市成立山东省马铃薯协会。2010 年 4 月 9 日，滕州市举办由国家农业部农业信息中心、中国蔬菜流通协会、山东省滕州市政府主办，以交流科技、对接产销、叫响品牌、提升产业为主题的第二届中国（滕州）马铃薯节。

5. 产品荣誉

2008 年 12 月 3 日，原中华人民共和国农业部正式批准对"滕州马铃薯"实施农产品地理标志登记保护。

2009 年，滕州马铃薯获得了"地理标志证明商标注册"，同年被评为"中国农产品区域公用品牌价值百强"。

2019 年 11 月，"滕州马铃薯"入选 2019 年农产品区域公用品牌。

靖边马铃薯

靖边马铃薯是陕西省榆林市靖

边县特产，全国农产品地理标志产品。2008年12月3日，原中华人民共和国农业部正式批准对"靖边马铃薯"实施农产品地理标志登记保护。

1. 产品介绍

靖边马铃薯以其个大、体匀、芽眼浅、淀粉含量高等品质优势在国内外市场颇具盛誉。其独特的产品品质得益于当地得天独厚的种植条件，靖边县昼夜温差大，温变曲线与土豆的生物学特性极其吻合，更有利于土豆淀粉含量和品质的提高。除此之外，该县光照充足，雨热同季，土壤肥沃，境内土壤多为壤质性黄绵土和绵沙土，土层深厚、土质疏松、保水透气性良好，有利于土豆块茎的膨大，所以当地是土豆的优生区，同时也是土豆良种繁育优势区，可以满足早、中、晚熟土豆品种的生长要求。

靖边土豆呈椭圆形，表皮光滑，芽眼较浅，肉质白色，是粮菜两用作物，近几年又发展为经济作物。靖边土豆营养元素含量丰富，吃法多样，蒸、煎、炸、煮、炖都行。靖边有句民谣："一年三百六，土豆做朋友，粗细能搭配，饭菜顿顿有。"可见土豆在靖边人心中的重要位置。经测定，靖边土豆水分含量小于83%，淀粉含量大于11%，蛋白质含量大于1.5%，并含有糖类、矿物盐类、柠檬酸和能够产生饱腹感的柔软膳食纤维。

2. 自然生态环境和人文历史因素

（1）土壤地貌情况：靖边县土壤类型有11类，主要为风沙土、黄土、红土、沙土等土壤类型，以黄土面积较大。北部风蚀沙化，南部水土流失严重，干旱缺水，加之地广人稀，耕作粗放，施肥量较少，所以土壤素质差，肥力不高。有机质含量低，普遍缺氮，严重缺磷，氮磷比值高，严重失调，钾含量较为丰富。土壤呈偏碱性，pH值为7.5～8之间。

（2）水文情况：县境内较大河流有6条，即大理河、芦河、红柳河、黑河、周河和杏子河。但水资源分布不平衡，北部地下水位高，水资源丰富。中部地下水埋藏较深，开发利用困难。南部虽有3条河流，但由于山大沟深，利用极其困难。只有少量水地可用。因此，全县大部分水地只适宜种植需水较少的农作物，且特别适宜种植靖边马铃薯。

（3）气候情况：靖边县属大陆性季风半干旱气候，年平均温度为7.0℃～9.1℃，年降水量为395.4毫米，自然蒸发量为891.7毫米，光照充足，作物生长季节温差大，有利于养分和干物质积累，四季冷暖燥湿较为明显，结冰期长，无霜期短，气候寒冷，风多沙大，霜冻、干旱较为频繁。

（4）人文历史情况：据县志记载，靖边县从明朝万历年间开始种植马铃薯，历史悠久，从清朝时期到20世纪70年代，当地农民主要靠种植马铃薯生活。抗战时期，马铃薯在当时为部队给养起到了很大作用。我国国民经济在1959～1961年发生的三年严重困难，人们就是靠食用马铃薯挺了过来。改革开放以来，随着科技的进步，马铃薯种薯不断改良，马铃薯已成为靖边县的主导产业。全县马铃薯种植面积达267平方千米，是陕西省马铃薯种植大县，也是全省马铃薯种植优生区。

3. 地域范围

靖边县位于陕西省榆林市，地处毛乌苏沙漠南缘，全县总面积5088平方千米，按地形地貌分为北部风沙滩地区、中部梁峁涧地区和南部丘陵沟壑区，分别约占总面积的1/3。全县地势南高北低，海拔介于1123～1823米之间，地理坐标为东经108°17′48″～109°20′00″，北纬36°58′29″～38°01′18″。东接横山县，西接定边县，南与延安地区的吴旗、志丹、安塞、子长相接，北靠内蒙古的乌审旗和鄂托克旗。年平均气温7.8℃，年平均降水量395.4毫米。靖边马铃薯在全县三个区域都广泛种植，包括张家畔镇、柠条梁镇、青阳岔镇、东坑镇、红墩界镇、杨桥畔镇、周河镇、王渠则镇、中山涧镇9个镇和高家沟乡、龙洲乡、小河乡、天赐湾乡、杨米涧乡、镇靖乡、乔沟湾乡、大路沟乡、五里湾、新城乡、席麻湾乡、海则滩乡、黄蒿界乡13个乡。

4. 产品品质特征

（1）外在感官特征：靖边马铃薯具有个大、体匀、芽眼浅、淀粉含量高的特点，生长期短，适应性广，抗逆性强，高产质优，皮滑光亮，适口性好。

（2）内在品质指标：营养价值

高，富含淀粉、蛋白质、糖类、矿物质和维生素 B、维生素 C 等。它既是菜又是粮，易贮藏、耐运输，广泛用于人类生活及饲养、加工等领域。另外，随着人类生活质量的提高和食物链的改变，马铃薯特别是本产地的无公害脱毒马铃薯，已被当地人们认可为绿色保健食品，越来越受到青睐。马铃薯及其加工后的食品，人们食用后不但吸收快、易消化、无残留，而且还有养胃疏肝、养容保健等作用。

（3）安全要求：产品符合无公害农产品马铃薯标准要求。

5. 特定生产方式

（1）产地选择：选择经无公害农产品基地认证的区域种植。选择二年轮作无茄科作物种植的土地，前茬为大豆、玉米、莜麦或谷子等作物，不应与甜菜、胡萝卜等块根作物连作。选择土层深厚、结构疏松的沙壤土，肥力中上等，有排灌条件的平地或缓平山旱地。

（2）品种选择与特定要求：选择脱毒的马铃薯种薯作为生产用种。根据商品要求，菜用型选择靖边大白、紫花白、东北白、虎头白、沙杂、费乌瑞它，加工型选择大西

洋、夏波蒂等。

（3）种薯处理：将种薯播种前 15 ～ 20 天置于 15℃ ～ 20℃ 的条件下催芽，当种薯大部分芽眼出芽时，剔除病、烂和冻薯，放在阳光下晒种，待芽变紫色时切块。种薯切成单块重 25 ～ 50 克，每个切块至少要有 1 ～ 2 个芽眼。切好后的薯块用草木灰拌种。切块时，要进行刀具消毒，当切到病烂薯时，将病烂薯剔除，同时将刀具在 5℃ 的高锰酸钾溶液中浸泡消毒 1 ～ 2 分钟，然后再切其他薯块，以免感染其他种薯。最好采用两把刀交替消毒切种的办法。也可采用小整薯直接播种。

（4）生产过程管理：执行无公害农产品马铃薯生产技术操作规程和靖边县马铃薯生产技术操作规程。

（5）产品收获：马铃薯茎叶枯黄后，需立即收获，收获后的马铃薯随即运到阴暗通风场所，剔除病、烂薯和伤薯后，薄摊晾干 2 ～ 3 天入窖保管。

（6）生产记录要求：详细记录生产操作日期、施用农业投入品的名称、生产厂家、施用等量。

马铃薯品牌

6. 包装标识相关规定

马铃薯最适宜的贮藏温度为1℃～3℃，最适宜的空气相对湿度为80%～85%，贮藏期的窖温既要保持适宜的低温，又要尽可能保持适宜温度的稳定性，防止忽高忽低。马铃薯销售前要选择符合食品要求的纸箱、编织袋、塑料袋等包装材料包装。包装应严密结实，防潮湿、防污染。在整个运输过程中要保持干燥、清洁，不得与有毒、有害、有腐蚀性物品混装、混运，避免日晒和雨淋。装卸时应轻拿轻放，严禁直接钩、扎包装袋。避免机械损伤。包装上应明确标明农产品地理标志——靖边马铃薯字样。每一包装上应标明产于何处、产品的标准编号、商标、生产单位名称、详细地址、规格、净含量和采收日期、包装日期等，标志上的字迹应清晰、完整、准确。

昭苏马铃薯

昭苏马铃薯是新疆维吾尔自治区伊犁哈萨克自治州昭苏县的特产，全国农产品地理标志产品。2016年8月16日，原中华人民共和国农业部批准对"昭苏马铃薯"实施国家农产品地理标志登记保护。

1. 地域范围

昭苏县位于天山北麓西端，伊犁哈萨克自治州西南部，伊犁谷地特克斯河上游的山间盆地。昭苏东界为特克斯县，南邻温宿、拜城两县，北连察布查尔锡伯自治县，西部与哈萨克斯坦相连（边界线长200多千米），西南邻近吉尔吉斯斯坦。昭苏马铃薯农产品地理标志地域保护范围包括昭苏镇、喀夏加尔镇、洪纳海乡、阿克达拉乡、乌尊布拉克乡等8乡2镇2场共73个行政村。地理坐标位于东经82°35′～82°50′，北纬43°14′～43°38′之间，海拔高度为1400～1900米，保护面积33.33平方千米。

2. 产品品质特征

（1）外在感官特征：昭苏马铃薯薯块呈扁圆或椭圆形，外观皮薄，表皮略显粗糙、无损伤，大而整齐，单个个体重量可达500～1000克，黄皮黄肉，同比菜蔬芽眼较深，切开后5分钟后切面有淀粉析出。

（2）内在品质指标：昭苏马

铃薯多用于加工淀粉制品，含干物质占比 26% ～ 30%、淀粉含量为 15 ～ 20 克 /100 克、钙含量为 60 ～ 100 毫克 / 千克、蛋白质含量为 1.3 ～ 1.8 克 /100 克、维生素 C 含量为 50 ～ 78 毫克 /100 克、还原糖含量为 0.15 ～ 0.2 克 /100 克。

（3）质量安全要求：昭苏马铃薯产品品质符合 NY/T 1049-2015《绿色食品——薯芋类蔬菜》的要求。

3. 特定生产方式

（1）产地选择：昭苏马铃薯种植产地环境条件应符合 NY/T391-2013 的规定，选土层深厚、肥力中上等、土质疏松的黑钙土或暗栗钙土。土壤环境质量达到《土壤环境质量标准》（GB 15618）规定的Ⅱ类土壤环境质量标准，灌溉水质达到《农田灌溉水质标准》（GB 5084）规定的蔬菜作物灌溉水质标准，环境空气质量达到《环境空气质量标准》（GB3095）规定的二级空气环境质量标准。

（2）品种选择：选用良种是获得马铃薯高产的重要物质基础，在栽培条件相同的情况下，优良品种较一般品种可增产 30% ～ 50%。

选用高产、高淀粉的青薯 2 号、陇薯 3 号和陇薯 8 号等新品种；种薯应选用二级以上脱毒种薯。

（3）栽培季节：根据马铃薯对季节的要求和昭苏县的气候条件，一般在 4 月下旬至 5 月上旬播种为宜。

（4）轮作倒茬：马铃薯是忌连作的作物，合理的轮作倒茬可以均衡地利用土壤养分，有效改善土壤理化特性，调整土壤肥力，防治和减轻病虫危害，同时马铃薯是中耕作物，经多次中耕，杂草变少，土壤疏松肥沃，所以它又是多种作物良好的前茬。

（5）栽培技术：①整地施肥：最好在秋天进行，深翻 25 ～ 30 厘米，这样可使土壤疏松，透气性好，并可提高土壤的蓄水、保肥和抗旱能力，为马铃薯的根系充分发育和薯块膨大创造良好条件，同时深翻还可以减轻甚至消灭土壤传播的病虫杂草危害。施肥以有机肥为主，化肥为辅；底肥为主，追肥为辅。施足基肥有利于马铃薯根系充分发育和不断提供植株生长发育所需的养分。②栽培密度：播种密度为 5000 ～ 5500 株 / 亩，

131

亩保苗 4500 ~ 5000 株，播种深度 10 ~ 12 厘米，垄高 15 ~ 18 厘米。③查苗补苗：马铃薯出苗后，应及时进行查田补苗及除草。追肥视不同情况酌情进行，缺肥的地块一般在现蕾初期，结合开沟培土，每亩追施尿素 2 千克、硫酸钾 5 千克。马铃薯开花前进行一次灌溉。④中耕培土：中耕培土的时间、次数和方法要根据各单位实际情况决定，一般出齐苗后就应该及时中耕除草。第二次中耕应在苗高 10 厘米左右进行，这时幼苗矮小，浅耕即可松土灭草。现蕾期进行第三次中耕培土，在植株分垄前进行第四次中耕兼高培土。⑤病虫害防治：常用农药为百菌清、代森锰锌等。早疫病发生时喷洒百菌清，晚疫病防治时需在现蕾期喷洒 80% 的代森锰锌，亩施 80 克。禁止使用高毒、剧毒农药，严格控制施药次数和施药量，遵守安全间隔期的规定。

（6）产品收获及产后处理的规定：当枯株达到生理成熟期即可及时收获，生理成熟的标准是：大部茎叶由绿转黄达到枯萎，块茎易与枯株脱离而停止膨大，早熟和中熟品种在正常年份，一般可以达到生理成熟，只有晚熟品种直到霜期茎叶仍然保持绿色，故可在茎叶被霜打后收获。马铃薯入窖后的主要管理工作就是通过调节和控制窖内的温度和湿度，通风换气，合理倒窖，防止贮藏期间的病害，使出窖损耗率降低到最低限度。

4. 包装标识相关规定

本规定地域范围内的昭苏马铃薯农产品生产经营者，在产品或包装上使用农产品地理标志，须向昭苏县农业技术推广站提出申请，按照相关要求规范生产和使用标志，统一采用产品名称和产品地理标志公共标识相结合的标识标注方法。

西吉马铃薯

西吉马铃薯是宁夏回族自治区固原市西吉县的特产，全国农产品地理标志产品。

2003 年，西吉就被列入宁夏十大优质无公害农产品基地；2004 年 2 月，西吉县被命名为"中国马铃薯之乡"。2008 年 7 月 1 日，原中华人民共和国农业部正式批准对

"西吉马铃薯"实施农产品地理标志登记保护。2019年11月15日，"西吉马铃薯"入选中国农业品牌目录。

1. 地域范围

西吉马铃薯产自六盘山西麓的黄土高原中心地带，这里工业欠发达，环境保持着天然的状态。因特殊的气候和土壤环境，马铃薯个大、皮薄、肉嫩，品质优良。淀粉含量17.3%，干物质含量占21.5%，芽眼较浅，薯型规则，表皮光滑，红皮黄肉，适宜鲜食菜用。西吉马铃薯营养齐全，它是宁夏马铃薯的代表，享誉国内。

西吉县地处宁夏回族自治区南部山区，六盘山西麓，位于宁夏中部干旱带南缘。全县辖19个乡（镇），306个行政村，总人口46.9万人，农业人口43.6万人，回族人口占总人口的52.7%。总土地面积3144平方千米，耕地面积2133平方千米。地势南低，北、东、西渐次增高，海拔1688～2633米。境内气候温和，雨量较少，光照充足，无霜期短，降水和温度变化率大。春季气温回升快，干旱多风，冷暖变化大，多有倒春寒；夏季短暂，气温适中；秋季雨量较多，降温快，霜冻早；冬季长，严寒干燥。年平均气温5.3℃，极端最高气温33.9℃，极端最低气温-27.1℃；平均无霜期144天，年日照时数2034.3小时，年蒸发量1297.7毫米，年平均降水量350～500毫米。干旱、冰雹、霜冻等自然灾害频繁。全县气候属温带半湿润向半干旱过渡，大陆性特征明显，加之境内地势高低悬殊，具有复杂多样的特点。

西吉县是马铃薯的主产区，也是宁夏最大的农业大县。马铃薯是主导产业，在全县地区生产总值中占有主要地位，被当地誉为"金豆豆"，并且西吉县成立有马铃薯种质资源保存中心，使优质马铃薯种植面积达到了120万亩以上。西吉县马铃薯是当地农民精心选留与自然选择的结果。据《西吉县志》记载，明代成化年间"安民垦殖"，种植以"洋芋"为主的秋粮作物，发展种植业；清咸丰十一年（1861年），"鼓励开荒"，"洋芋种植有十之二三"。在长期的马铃薯种植实践中，劳动人民积累了丰富的种植和繁育经验，马铃薯历年栽种的品种有麻芋、大红苕、深眼窝，经过近300多年的种植，逐步形成了具

马铃薯品牌

133

有代表性的西吉马铃薯品种"红洋芋"，并在当地广泛种植，深受市场欢迎，产品销往两广、福建等地，年销售量达到了30万吨以上，部分商品薯销往东南亚等地。

2. 地域保护范围

西吉马铃薯的地理标志保护的区域范围为宁夏西吉县吉强镇、火石寨乡、新营乡、苏堡乡、偏城乡5个乡镇的96个行政村。地理坐标为东经105°20′~06°04′，北纬35°35′~36°14′。

3. 生产技术要求

（1）产地选择：选择土质较轻、土层深厚、疏松肥沃、通透性好的地块，水浇地要求灌排方便。实行三茬以上轮作，以豆类、麦类、玉米、水稻、胡麻、糜谷等为前茬，中部干旱带最好在轮歇地上种植，禁忌与茄科作物连作、对茬。旱地采用前茬作物收获后尽早深耕，耕深20厘米以上，遇雨浅耕收墒，冬春镇压保墒，播前半月翻耕带耱。前茬地膜玉米地可实行保护性耕作，即玉米收获后留膜留茬越冬，后茬马铃薯临近播期清理残膜、拣拾根茬、耙耱整地；水浇地采用前茬作物收获后机深翻，耕深25厘米，适时

灌足冬水，临近播期整地起垄。

（2）品种选择：选择具有代表性的该地品种"红洋芋"，选用质量符合国标要求的脱毒一、二级种薯。

（3）产品收获：待地上部茎叶全部由绿变黄、块茎停止膨大后，根据鲜薯上市、交售、贮藏时间适期收获。收获前一周杀秧，收获的鲜薯先要充分摊晾，待薯皮木栓化后方可运输、贮藏。

（4）生产记录要求：对产品生产地点，土壤耕作茬口，所使用农机具，所施用肥料名称、施肥方式、施肥时间、施肥量，施用农药名称、施药方式、施药时间及施药对象，产品收获、仓储、销售等项目的日期、方式、数量等进行详细的记录。

4. 产品质量安全规定

（1）基地环境保护制度：一是严格控制在基地方圆5公里和上风向20公里范围内新建有污染源的工矿企业，防止工业"三废"污染基地；二是设立环境保护标志牌；三是西吉县马铃薯农产品地理标志范围内的畜禽养殖场粪水要经过无害化处理，施用的农家肥必须经高温发酵腐熟，确保无害；四是每年

委托宁夏农业环保监测站对环境进行环境评价。

（2）监督管理制度（包括检验检测制度）：一是依托宁夏农业环境检测站对环境进行检验检测，县质量技术监督局对产品进行检验检测，逐步建立检验检测体系；二是对办公区进行总体监督检查；三是基地专业人员和工作队伍由西吉县马铃薯产业服务中心工作人员组成，负责生产档案记录的管理，具体由乡（镇）农业科技服务中心职工承担；四是由西吉县马铃薯农产品地理标志管理市场准入监督管理队伍对生产环境、生产过程、投入品使用、产品质量、市场及生产档案记录的监督检查。

5. 包装标识等相关规定

（1）包装：在包装方式上采用箱式包装和袋式包装两种。

（2）标识：标志使用人应在其产品或其包装上统一使用农产品地理标志（西吉马铃薯名称和公共标识图案组合标注形式）。

威宁马铃薯

贵州西北部的毕节市威宁县，东、南、西三面与云南五个县市（区）接壤，境内属亚热带季风湿润气候，冬无严寒，夏无酷暑，夏秋多雨，年温差小，日温差大，无霜期短，年日照1700～1945小时，年平均温度在10℃左右。威宁全县耕地面积2506.8平方千米，分布在海拔2000～2400米之间。大部分土质沙壤、疏松、肥力中上等，缓坡地居多。

威宁县种植马铃薯历史悠久，具有得天独厚的自然条件和资源优势，盛夏时节，步入美丽的"阳光城"，6295平方千米的热土上，到处是马铃薯铺就的绿地毯，到处是马铃薯花的海洋。这里常年种植马铃薯面积在867平方千米以上，产量超过180万吨。近年来，威宁县马铃薯生产发展迅速，目前已经形成了以高寒凉山区、湿润半凉山区、低热河谷区为中心的马铃薯种植区域，建成了7个万亩连片高产示范基，是全国县级种植面积百万亩以上的地区之一，属于我国南方马铃薯生产基地。2008年4月30日，由中国食品工业协会马铃薯专业委员会下文，授予威宁彝族回族苗族自治县"中国南方马铃薯之乡"

马铃薯品牌

称号。

威宁马铃薯块大、产量高、品质优、退化慢、口感好，干物质含量高、耐运输、耐贮藏，淀粉含量高达 17% ~ 20%，绿色无公害，质优味美，亩产单产平均高出全国 20% 左右，是全国马铃薯种薯的首选地。这里马铃薯病虫害较轻，种性退化慢，农民种植水平高，产量和质量在全国均处于一流水平。威芋 3 号、合作 88 等种薯产量高，稳定性强，淀粉含量达 20% 以上，是理想的淀粉加工原料和鲜食产品；会 -2 号和中心 48 号高产抗病，淀粉含量在 17.5% ~ 19.6% 之间，非常适合全粉加工及菜饲兼用。此外，威宁马铃薯保存时间长，从每年 8 月份开始到第二年 4 月之间都有充足的原料供应，时间长达 8 个月，加工周期比其他地方多出 2 ~ 3 个月。

2009 年 12 月 14 日，"威宁洋芋"地理标志证明商标经国家工商总局商标局核准注册。"威宁洋芋"地理商标的成功注册，使毕节地区农特产品地理标志证明商标实现了零的突破。

2020 年 2 月 26 日，贵州省威宁彝族回族苗族自治县威宁洋芋中国特色农产品优势区被认定为第三批中国特色农产品优势区。

目前，在中华人民共和国农业农村部、贵州省农业厅、省扶贫办、省马铃薯研究所、地区农业局的资金和技术支持下，脱毒马铃薯种植面积达 643 平方千米，马铃薯原种扩繁面积 0.86 平方千米，一、二级良种扩繁 34.4 平方千米，建立优质良种基地 217 平方千米，加快了威宁马铃薯种薯繁育的步伐。威宁马铃薯脱毒中心繁殖的脱毒种苗，以微型薯作为基础材料，建立了一级良种扩繁基地，所繁殖的一级种薯全部用于大田生产。为了防止产量和质量退化，马铃薯脱毒中心对种薯建立了级别标准，规范田间地块档案，确保每年健康种薯有规律的供应。基地建设采用"科研单位 + 公司 + 协会 + 农户"的运作模式，科研单位负责技术培训、指导，公司负责种薯供应、回收及商品薯运销，协会负责处理基地建设过程中公司与农户存在的各种关系并为公司负责协调处理收购种薯，农户在种薯生产过程中按照科研单位提供的技术规程进行种植并积极配合进行病虫害防治。基地的管理实行"四统一"：一是统一规划，一个基地统一规划一个主栽品种，集中连片种植；二是统一培训，对基地薯农进行集中培训，采用室内与室外相结合，室内进行理论讲解，发放资料，室外进行操作示范；三是统一管理，基地从播到收，均有技术人员长期蹲点，随时掌握基地马铃薯生长情况，发现问题及时解决；四是统一回收种薯，种薯成熟收获后，实行分级包装，统一回收。

呼玛马铃薯

呼玛马铃薯是黑龙江省大兴安岭地区呼玛县的特产，全国农产品地理标志产品。2012 年 8 月 3 日，原中华人民共和国农业部正式批准对"呼玛马铃薯"实施农产品地理标志登记保护。

1. 产品介绍

呼玛县是百年老县，种植马铃薯有近百年的历史，但大面积种植还是从 1999 年开始的，发展到 2002 年，种植面积达 33 平方千米，产量达 6 万吨，年交鲜薯 4.6 万吨。后由于金融危机的影响，马铃薯淀粉价格低，种植面积降到 20 平方千米。呼玛现有耕地 752 平方千米，土地开发晚，大部分是 20 世纪 80 年代后开垦的。呼玛县因温度低，马铃薯病虫害少，且昼夜温差大，雨热同季，光热资源充足，利于马铃薯碳水化合物和蛋白质的合成，因此，生产出的马铃薯病薯少、烂薯少、淀粉含量高、营养丰富、食味好。呼玛县适宜生产优质的马铃薯。

2. 自然生态环境和人文历史因素

呼玛县地处黑龙江省北部，大兴安岭东部。地势呈西东低、中间高、南北低，县内最高峰是伊勒呼里山，海拔高度为 663.9 米。主要支脉伊勒呼里山岭横亘本县南部，由西向东延伸，与小兴安岭相接，是黑龙江与嫩江水系的分水岭。岭北以低山丘陵为主，南部多丘陵河谷，坡缓、谷宽，海拔为 300～500 米。行政区域面积 14335 平方千米，境内群山连绵，森林茂密，河流纵横，拥有林地面积 80.1% 及 15.8% 的天然草场。耕地土壤有机质含量高，土壤肥沃，大体分为山地棕壤土、黑土、草甸

马铃薯品牌

土和草甸沼泽土4个类型，pH值为6.5～7.5。境内主要河流有黑龙江、呼玛河、嫩江，水质清洁，适宜生产优质的马铃薯。年平均气温－2℃，年积温1950℃，年降雨量470.70毫米，雨季集中在6～8月，年日照2600小时。该气候特点为生长出优质马铃薯提供了极其有利的条件。

3. 地域范围

呼玛马铃薯农产品地理标志地域保护范围包括呼玛镇、三卡乡、北疆乡、金山乡、兴华乡、白银纳乡、鸥浦乡、韩家园镇8个乡镇54个行政村，地理坐标为北纬50°49′20″～52°53′59″，东经125°03′20″～127°01′30″。保护面积为955平方千米，马铃薯生产面积2000公顷，年鲜薯产量30000吨。

4. 产品品质特性

（1）产品特性：呼玛区域为寒温带冷凉型气候，日照时间长，昼夜温差大，马铃薯病害轻，虫害少。因此，呼玛马铃薯与其他区域产品相比，产量较高，淀粉含量高，营养丰富，食味好。

（2）外在感官特征：呼玛马铃薯块茎圆形至椭圆形，白皮白肉，或黄皮、淡黄肉，表皮光滑，块茎大而整齐，芽眼深度中等，商品性好。块茎休眠期长，耐贮藏。

（3）内在品质指标：呼玛马铃薯经检测，鲜薯中淀粉含量大于17%，维生素C含量大于6毫克/100克，蛋白质含量大于2%，钾含量为920毫克/100克，钙含量为24毫克/100克。与其他地区相比，同一品种在呼玛种植，较其他地区淀粉含量平均高出至少1个百分点。

5. 特定生产方式

（1）产地选择：建立绿色食品马铃薯基地，应选择生态环境优良、土壤条件好、排水良好、土壤有机质含量高，无污染集中连片的农田，马铃薯不宜重茬或迎茬种植，也不宜与茄科作物或块根作物轮作。产地条件符合NY/T391-2000绿色食品产地环境质量标准。灌溉水符合《农田灌溉水质标准》的规定，在所规定的29项指标中，任何一项不得超标。

（2）品种范围：选择克新12号、克新16号、克新18号等适合区域内的具有高产、优质的马铃薯品种。

（3）生产过程管理：按照《呼玛县绿色食品马铃薯种植技术规程》生产与管理，生产过程中使用的农药和化肥必须符合《绿色食品农药使用准则》（NY/T 393-2000）、《绿色食品肥料使用准则》（NY/T 394-2000），禁止使用硝态氮肥。

（4）产品收获及产后处理：当正常生长植株的叶色由绿逐渐变成黄转枯时，标志着马铃薯生理成熟。为便于收获，一般割秧在收获前1周，把植株地上部全部割倒，以利于田间水分蒸发，使田间土壤持水量低于30%便可收获。要选择晴天及时收获，尽可能减少蹭皮和机械损伤从而造成不必要的损失。商品薯或加工薯要求避光条件，产出的薯块不可长时间在强光下照射，否则会使薯块表皮变绿，影响商品价值；避免在雨天收获，以免拖泥带水。机械收获时做到单收、单提运、单储藏。

（5）生产记录要求：马铃薯生产的全过程要建立档案，全面记载种、肥、药的使用情况，使用时间、使用数量及在田间管理上采用的农艺措施，妥善保存，以备查阅。

（6）贮藏：马铃薯入窖前做好预贮措施，很好地给予通风晾干，促进后熟，加快木栓层的形成，严格选薯，去净泥土。预贮可以就地层堆，然后覆土，覆土厚度不少于10厘米。入窖时做到按品种和用途分别贮藏，并经过再次挑选去除烂、杂或畸形薯，然后入窖。呼玛县主要采取棚窖、永久式砖窖进行贮藏。马铃薯入窖前要对贮藏窖进行消毒和通风。温度控制在1℃～3℃；湿度最好控制在85%～90%，湿度变化的安全范围为80%～93%；暗光，适当通风以保持窖内空气清洁。

6. 包装标识相关规定

地域范围内的呼玛马铃薯农产品生产经营者，在产品或包装上使用已获登记保护的马铃薯农产品地理标志，须向登记证书持有人提出申请，并按照规范生产和使用标志，统一在其产品或其包装上使用农产品地理标志（呼玛马铃薯名称和公共标识图案组合标注形式）。

民和马铃薯

民和马铃薯是青海省海东市民

和回族土族自治县的特产，全国农产品地理标志产品。2013 年 12 月 30 日，原中华人民共和国农业部正式批准对"民和马铃薯"实施农产品地理标志登记保护。

1. 产品介绍

民和马铃薯传入民和县已有 150 年以上的历史。约为清末民国初年，民和县河湟地区，民不聊生，土地荒芜，农民都是过着"早上汤、中午光、晚上半汤喝不上"的生活，大批的农民逃亡到山区，开垦荒地，种植马铃薯，因其产量高、耐旱、适用性强，粮菜两用，赖以勉强度日。20 世纪 60 年代中期，那时自然灾害频繁，农民生活极度困窘，食物匮乏，马铃薯救了不少人的命，帮人们渡过了难关。20 世纪 70 年代以来，民和开始推广普及马铃薯新品种，因其丰产、品质好，民和马铃薯生产又得以恢复发展，到"十一五"期末，马铃薯跃居种植作物之首。民和马铃薯为贫困农民脱毒致富、发展农村经济起到了很大的促进作用，山区农民一度高兴地把脱毒马铃薯称为"脱贫马铃薯"。

2. 自然生态环境和人文历史因素

民和回族土族自治县多为山区，县境南北长约 69 千米，东西宽约 32 千米。海拔最高 4220 米，最低 1650 米，为黄土高原向青藏高原过渡地带。祁连山系的达板山和拉脊山余脉，构成县境地架。地势西北高，东南低，西南部多为高山。境内沟壑纵横，山峦重叠，地形复杂。地貌特征大致可概括为"八条大沟九道山，两大谷地三大垣"。土壤主要以灰钙土、栗钙土、红壤土等为主，成土母质为黄土，土质属中壤土，质地疏松，非常适宜民和马铃薯的生长。

民和县水资源较丰富，黄河、湟水、大通河系三大过境河流，多年平均过境容水总量约 4.5 亿立方米。县境内共有大小河沟 24 条，其中较大的常流水沟有隆治沟、巴州沟、米拉沟、松树沟、前河沟、大马家沟、杏儿沟、马营沟等 8 条，自产地表水多年平均径流量 2.725 亿立方米。地下水综合补给量为 0.766 亿立方米，可开采地下水资源 0.213 亿立方米。

民和属大陆性气候，其特点是冬季寒冷、夏季凉爽，蒸发量大于降雨量，日照时间长、辐射强，昼夜温差较大。年平均气温为 7.8℃，最热月（7月）平均气温为 20.3℃，最冷月（1月）平均气温为 -10℃。平均作物生长期为 234 天，年平均降水量为 340.9 毫米，且降水集中在夏季（6～8月），占全年降水量的 55%，年蒸发量为 1804.6 毫米，年平均相对湿度 56%。全年无霜期 149 天，最大冻土深度为 90 厘米。≥ 0℃ 的积温为 2500℃～3500℃，年日照时数 2400～2600 小时，年辐射 125～185 千卡/平方厘米。气候特点是光资源丰富，日照时数长，太阳辐射强，降水差异大，夜雨多，强度小。热量水平低，冬季严寒干旱，夏季温凉短促，降雨集中。具有发展高原特色农业的优越条件，适宜种植马铃薯。

3. 地域范围

民和马铃薯农产品地理标志地域保护范围为民和回族土族自治县全境，包括川口镇、巴州镇、马场垣乡、西沟乡、古鄯镇、核桃庄乡、李二堡镇、松树乡、峡门镇、新民乡、北山乡、隆治乡、总堡乡、满坪镇、马营镇、前河乡、转导乡、甘沟乡、大庄乡、官亭镇、中川乡、杏儿乡，地理坐标是东经 102°26′～103°04′，北纬 35°45′～36°26′。县境内南北长约 69 千米，东西宽约 32 千米，总面积 1890.82 平方千米。

4. 产品品质特性：

（1）外在感官特征：薯块长圆形，表皮粗糙，黄皮黄肉。致密度中等，芽眼有色，深度中等，数目中等，芽眉半月形，脐部深，薯块整齐，蒸煮后肉质酥散，色味纯正，口感好。

（2）内在品质指标：磷（35.6±5.1）毫克/100克，钾（306±30.2）毫克/100克，干物质（24.2±6.2）克/100克，还原糖（0.87±0.09）克/100克，镁（30.3±4.3）毫克/100克，核黄素（0.24±0.02）毫克/100克，硫胺素（0.11±0.01）毫克/100克，与青海省食物营养成分表对照比较，还原糖含量高 63%，镁含量高 152%，核黄素含量高 700%，硫胺素含量高 22%。

5. 特定生产方式

（1）产地选择与特殊内容规定。民和马铃薯产地应选择在无污染和生态条件良好的地区，产地应远离工矿区和公路、铁路干线，避开工业和城市污染源的影响，同时应具有可持续的生产能力。2～3年没种过茄科类作物的地块，土壤疏松，肥力好。要求土层深厚，排水良好，有机质含量在2%以上，保水力强的肥沃土壤，沙壤土或壤土均可，土壤pH值在5.9～7.4。

（2）品种选择与特定要求。品种选择：选用通过国家或地方审定并在当地示范成功的优质、高产、抗逆性强马铃薯品种。种薯质量必须符合脱毒种薯质量标准。选种：选用经病毒和种薯质量检测确认为符合质量要求的脱毒种薯。选用30～50克重量的种薯整薯播种。土地选择：选择土质肥沃的土地，并且整地时要求耕深20厘米以上。合理施肥：确保基地马铃薯健康生长，通过土壤化验，确定合理施肥方案，实行配方施肥。

（3）生产过程管理，包括农业投入品方面的特殊使用规定。播种时间：当10厘米土壤温度稳定通过3℃时播种，具体时间一般选在4月中旬至5月上旬。施肥：以当地测土配方为依据，一般亩施优质农家肥4～5方，马铃薯专用肥50公斤（或磷酸二铵20～30公斤，尿素15～30公斤）。合理密植：用40克左右的小整薯或50克左右的切块薯播种，适宜密度为4500～5000株/亩，瘠薄地宜密，肥地宜稀。培土：马铃薯苗齐时进行浅中耕除草；4～5片叶时中耕培土一次，培土高度8厘米；现蕾期进行第二次中耕培土，培土要尽量向根部多培，培土厚度10～20厘米，高度30～40厘米。除草：结合培土，人工除草1～2次。追肥：现蕾期结合中耕培土亩追施尿素5公斤。病虫害防治：马铃薯早、晚疫病用58%甲霜灵600倍液7～10天喷一次，连喷1～2次。防治蚜虫：10%吡虫啉可湿性粉剂1500倍液进行喷雾防治，也可用黄板诱蚜进行防治。收获：当马铃薯大部分茎叶由绿转黄，达到枯萎，块茎停止膨大易与植株脱离时收获。收获工具要清洁、卫生、无污染，收获时尽量避免机械损伤，种薯摊晾后贮藏。

（4）产品质量应符合NY/T1066马铃薯等级规格标准。

（5）马铃薯贮藏一般要做到按品种、用途，分类、分级入窖贮藏，环境必须阴凉、通风、清洁、严防暴晒、雨淋、冻害、病虫害、鼠害及有害物污染。适宜在2℃～4℃的温度下贮藏。湿度最好控制在75%～85%，通风条件相同于种薯贮藏条件。应在黑暗无光的条件下贮藏。

（6）包装运输应使用单瓦楞纸箱和双瓦楞纸箱，食品包装应符合聚乙烯树脂卫生标准。

6. 包装标识相关规定

在民和马铃薯地域范围内的地理标志农产品生产经营者，在产品或包装上使用民和马铃薯农产品地理标志，必须向民和县农作物脱毒技术开发中心提出申请，并按照相关要求规范生产和使用标志，统一采用产品名称和农产品地理标志公共标识相结合的标识标注方法。在运输马铃薯的过程中，注意严防雨淋，严禁用含残毒污染的仓库和车厢，不允许和有毒物品混放混装，要将马铃薯贮存在通风、干燥的室内，以防发霉。

胶西马铃薯

胶西马铃薯是山东省胶州市的特产，全国农产品地理标志产品。

2010年12月24日，原中华人民共和国农业部批准对"胶西马铃薯"实施农产品地理标志登记保护。

1. 产品介绍

胶西镇自20世纪80年代初开始种植马铃薯，到20世纪90年代中期，马铃薯已发展为规模化和品种化种植。为了增创优势、突出特色，胶西镇党委、政府在21世纪初把蔬菜产业，特别是马铃薯产业的发展确定为强镇富民、加快新农村建设，促进农民增收、农业增效的主导产业来抓，制订了《胶西镇"一村一品"发展规划》，大力加强基础设施建设，大力调整种植结构和种植模式，大力推进农民专业合作组织的发展和产业化经营。为进一步提高胶西马铃薯的规模化发展，增加市场竞争力，做大做强胶西马铃薯的品牌建设，2007年，胶州市成立了第一家马铃薯专业合作社，2009年成立了胶州市出口马铃薯协会。2008年，胶西镇被评为青岛市"一镇一业"专业镇。2009年，青岛出入境检验检疫局对胶西镇马铃薯生产基地整体实施了出口植物源性食品原料种植基地检验检疫备案，同年被青岛市经贸委定为青岛

马铃薯品牌

市市控蔬菜生产基地。2010年，青岛出入境检验检疫局在胶西镇建设了首个马铃薯出口产业基地。2009年、2010年，胶州市政府在胶西镇连续召开了两届春季马铃薯国际交易会，通过交易会使胶西马铃薯进一步加强了国际交流和贸易，提高了国际市场的知名度和竞争力。胶西马铃薯已成为胶西镇农业的主导产业，成为农民增收致富的"金蛋蛋"。

2. 自然生态环境和人文历史因素

胶西马铃薯生产区域范围以平原为主，其中北部平原土壤类型为砂姜黑土，墨水河两岸主要为河潮土，土质疏松肥沃，养分含量高。区域内土壤pH值为6.4~6.8，土壤有机质有利于马铃薯的生长。境内有墨水河、十米河、小新河三条河流。属于暖温带季风性大陆气候，四季分明，雨热同季，光照资源丰富，日照时间长，有利于作物的光合作用。降水多集中在6~8月，占年降水量的65%，此时正值马铃薯块茎膨大需水多的时期。胶西的气候特点能够满足马铃薯生长所需的喜冷凉、长日照的需求。

3. 地域范围

胶西马铃薯生产区域范围位于胶州市西部，胶西镇全境。北起傅家村，南至苑家会村，西起宋戈庄村，东至尹家店村，包括宋戈庄、苑戈庄、傅家村、苑家会等73个行政村。地理坐标为东经119°83′00″~119°95′00″，北纬36°22′00″~36°31′00″。农产品地理标志保护范围内马铃薯种植面积66平方千米。

4. 产品品质特征

胶西马铃薯生产区域独特的气候和优越的地理条件使马铃薯品质独特，具有显著特征，其薯型椭圆，芽眼较浅、少，表面光滑，黄皮黄肉，口感脆滑，宜鲜食菜用。维生素C含量≥0.5%，总糖含量≥30%，蛋白质含量≥0.6%，淀粉≥0.5%，干物质≥8.5%。

5. 特定生产方式

（1）地块选择：选择排灌条件好，土质疏松、肥沃、耕层深厚、保水保肥力强的地块。前茬一般选葱蒜类及瓜类作物，要避免与茄科作物连作。产地环境质量必须符合《土壤环境质量标准》（GB15618-1995）和《环境空气质量标准》

（GB3095-1996）。

（2）品种选择：栽培适宜品种为荷兰7号、荷兰15号。

（3）生产管理：①整地施肥：入冬前深翻土地，消灭残留在地下的害虫及病菌。播种前每亩施充分腐熟的优质有机肥5000千克，优质饼肥100千克，微生物肥料50千克。耕翻后耙细、整平。②适时催芽：播种前先行晒种和催芽，打破休眠期，促使出芽后再播种。催芽前先将种薯放在15℃～25℃有散射光的地方晒15～20天。然后切块催芽，催芽的薯块要放在温度能保持20℃左右的地方，待芽长到2～3厘米就可播种。③足墒播种：播前应先浇地造墒，然后整地作畦播种。每亩4000～4500株，采用大垄双行种植。平均行距65厘米，垄上行距30厘米，株距20厘米左右。④及时放苗：出苗后要及时放苗，以免高温烤苗，不能等到全部出齐苗后再放，应分2～3次放苗，放苗口要及时用土封严。⑤肥水管理：生长前期土壤见干见湿，进入花蕾期到盛花期，土壤保持湿润。一次性施足基肥后生长期不再追肥；盛花期后，喷施叶面肥，防早衰，促进薯块膨大。灌溉水水质必须符合《农田灌溉水质标准》（GB 5084-2005）。⑥中耕培土：进入马铃薯膨大期后结合浇水，应中耕培土，以免出现"青头"，降低商品价值。⑦病虫害防治：马铃薯生育期内病虫害主要为晚疫病，主要采用72%百思特粉剂或30%百菌清等进行预防。农药使用必须符合《农药安全使用标准》（GB4285-1989）、《农药合理使用准则》（GB/T8321.1-GB/T 8321.8）。

（4）产品收获及产后处理：6月中上旬收获，收获后进行分级包装、销售。如需贮藏需放入冷风库，温度为3℃～5℃，相对湿度为90%～95%。

（5）生产记录要求：胶西马铃薯的生产全过程要建立田间生产档案，对产品生产地点，土壤耕作茬口，所使用农机具，施用肥料名称、施肥方式、时间、施肥量，播种、收获时间，施用农药名称、方式、时间及施药对象，产品收获、销售等项目的日期、方式、数量等全面记载并妥善保存，以备查阅。所有记录需保存两年。

6. 包装标识相关规定

在胶西马铃薯地理标志保护区域内的马铃薯生产经营单位或个人，如要在产品或包装上使用胶西马铃薯农产品地理标志，必须向青岛胶州市出口马铃薯协会提出申请，协会受理申请后，按照本质量控制技术规范的要求，对地理标志的使用人进行统一培训、规范生产，符合要求的可加贴地理标志，保护区域内的产品统一采用"胶西马铃薯"和农产品地理标志公共标识相结合的标识标注方法。

海原马铃薯

海原马铃薯是宁夏中卫市海原县的特产，全国农产品地理标志产品。2010年9月13日，原中华人民共和国农业部批准对"海原马铃薯"实施农产品地理标志登记保护。

1. 产品介绍

海原县地处宁夏南部山区，气候属典型的大陆性季风气候，无霜期短，多风少雨，土质以黑垆土为主，富含钾离子，土层深厚，土质疏松，是适宜马铃薯生长的优质土质。马铃薯种植规模不断扩大，品种呈现多样性，也是抗旱避灾作物。马铃薯主产区主要集中在海原县中南部月亮山和南华山两大山系所形成的黄土高原丘陵沟壑旱作晚熟区以及北部黄河灌溉早熟区。随着农村经济的战略结构性调整，海原县把扬黄灌区的兴隆、李旺、高崖三乡镇确定为菜用型马铃薯生产基地，北部干旱带的兴仁、徐套、嵩川三乡镇确定为粮菜兼用型马铃薯生产基地，把中南部12个乡镇冷凉区确定为淀粉型生产基地。在注重马铃薯产量、品质提高的同时，打理培育马铃薯繁育基地，组建加工销售企业，重点建设两个马铃薯产业带，即南部淀粉型马铃薯产业带，中部淀粉兼菜用型马铃薯产业带。

2. 自然生态环境和人文历史因素

（1）土壤地貌情况：海原县马铃薯种植区土壤以黄绵土、黑垆土为主，0～20厘米表层土壤养分有机质含量为0.958%，全氮含量0.048%，全磷含量0.0563%，土壤pH值在7.5～8.5之间。土壤疏松，理化性状好，有利于马铃薯生长发育和块茎膨大。其地质发育史最早可追溯至在远古初期或更早一些时期，县境内凹陷区沉积了厚达7749米的地槽型碎岩和化学岩，并伴有中基性海底喷发岩和浅成侵入岩，后期因振荡或下降又有硫酸盐岩沉积，其后由于经历了强烈的区域变质作用，形成片岩、大理岩。与此同时，受剥蚀构造作用，形成县境内中山和低山地形。

（2）水文情况：海原县县内外缘河流多为间歇河，水量小，季节性变化大，遇到暴雨即发洪水，雨后流量猛减，直至干涸断流，位于月亮山西北的杨明河、麻春河、贺堡河常年有地表水流，南、西华山相间的园河地常年有地表水流。清水河位于南华山东南边，西河为其主要支流，面积5162平方千米，年径流总量2750.1万立方米，全县地下水动储量为3807万立方米，相对富水区有清水河平川、西安洼地以及南西华山的山前洪积扇等，动储量为3163万立方米。马铃薯种植灌水主要以天然降水为主。

（3）气候情况：海原县年降雨量300毫米左右，且多集中在7、8、9三个月。年蒸发量大，年平均气温7.7℃，≥10℃的有效活动积温2621℃，无霜期165天。总的气候特点为海拔高，气候冷凉，传毒媒介少，光照充足，温度适宜，昼夜温差大，降水适时，雨热基本同季，与马铃薯生长发育规律相吻合，有利于马铃薯进行光合作用、营养转化和干物质积累。农民种植马铃薯主要以施优质农家肥为主，种植区域附近无厂矿企业，无工业污染残留，空气环境状况良好，具备了生产无公害马铃薯的有利条件和加工优质产品的基础。

（4）人文历史情况：从古到今的漫漫历史长河中，马铃薯作为一种不可多得的保健食品，一直与人民生活息息相关并结下了深深的"土豆"情缘。海原县马铃薯悠久的种植历史和栽培经验，加之当地优越的地理位置及气候条件，为马铃薯产业发展提供了巨大的资源优势和潜在的竞争优势。海原马铃薯以薯块整齐、淀粉含量高而著称，产品远销内蒙古、河南、广东、福建等省。另外，北方居民对"三粉"情有独钟，需求量不断提高，尤其是马铃薯粉条、粉丝、粉皮类在风味营养、出粉率等方面优于红薯，在中原和南方市场也有一定竞争优

马铃薯品牌

147

势和发展空间。

3. 地域范围

海原马铃薯产于海原县境内的西安、树台、关庄、红羊、李俊、九彩、曹洼、史店、海城、贾塘、郑旗、三河、七营、甘城、李旺、高崖、关桥 17 个乡镇。海原县地处宁夏南部山区，地理坐标为东经 104°17′～107°41′，北纬 36°06′～39°05′，北临引黄灌区，南连黄土丘陵沟壑区，东靠毛乌素沙漠，西接腾格里沙漠和香山荒漠区。

4. 产品品质特征

（1）外在感官特征：海原马铃薯薯块整齐，为圆形和椭圆形。色彩多为乳白色、淡青色，也有紫红色的。

（2）内在品质指标：海原马铃薯粗淀粉含量为 14.30～15.26 克 /100 克，维生素 C 含量 ≥ 14.00 毫克 /100 克，因优于盛产马铃薯毗邻地区而著称。

（3）安全要求：海原马铃薯执行《NY5221-2005 马铃薯》标准。

5. 特定生产方式

（1）产地选择与特殊内容规定：西安、树台、关庄、红羊、李俊、九彩、曹洼、史店、海城、贾塘、郑旗、三河、七营、甘城、李旺、高崖、关桥十七乡镇，种植区内的马铃薯产地环境质量必须符合《无公害食品 马铃薯产地环境条件》（NY 5010-2002、NY 5221-2002、NY 5222-2002）的要求。

（2）品种选择与特定要求：以淀粉含量 7%～23% 的高淀粉品种青薯 168 号、宁薯 8 号、宁薯 4 号脱毒薯为主，未经审定的品种不得采用。

（3）生产过程管理：海原马铃薯生产过程必须执行《海原县鸿鑫专业合作社马铃薯生产操作规程》。

（4）产品收获及产后处理：马铃薯以外销为主，一般在 9 月底开始收获，叶色由绿逐渐变黄转枯，这时茎叶中养分基本停止向块茎输送。常用井窖和窑洞窖进行贮藏，要尽量减少转运次数，避免机械损伤，入窖前严格挑选薯块，凡是损伤、受冻、虫蛀、感病等薯块不能入窖。

（5）生产记录要求：海原马铃薯的生产全过程要建立田间生产档案，全面记载并妥善保存，以备查阅。

6. 包装标识相关规定

海原马铃薯加贴地理标志标识，采用袋或精品纸箱分级定量包装，存放在干燥通风的地方，适时销售。

乌兰察布马铃薯

乌兰察布马铃薯是内蒙古自治区乌兰察布市的特产，全国农产品地理标志产品。2008年8月22日，原中华人民共和国农业部批准对"乌兰察布马铃薯"实施农产品地理标志登记保护。

1. 产品介绍

2013年，"乌兰察布马铃薯"位列全国最具综合价值地理标志第38位，地理标志综合价值相对指数75.49。2015年，"乌兰察布马铃薯"荣获2015年中国最具影响力品牌价值评估第17位，品牌价值105.66亿元。乌兰察布市位于东经110°20′~114°48′，北纬41°10′~43°23′，地处内蒙古自治区中部，位于黄土高原、晋冀山地和内蒙古高原交错地带。全市从北至南由内蒙古高原、乌兰察布丘陵、大青山山地、丘陵地四部分组成。

阴山山脉之大青山东西向横贯于市境中部，将全市分为后山、前山两个不同类型的经济区。全市平均海拔高度1400米。辖11个旗县市区，北部与蒙古国接壤，东部与河北省毗邻，南部与山西省连接，西部与呼和浩特相连。

2. 产品品质特征

（1）克新一号：株型开展，株高70厘米左右，茎绿色，长势强；叶绿色，复叶肥大；花序总梗绿色，花柄节无色，花冠淡紫色，雄蕊黄绿色，柱头2裂，雌雄蕊均不育；块茎椭圆形，白皮白肉，表皮光滑，芽眼多深度中等，结薯集中，块大整齐；块茎休眠期长，耐贮藏；干物质含量占比18.1%，淀粉含量13%~14%，粗蛋白质含量占比0.65%，维生素C含量占比14.4毫克/100克；植株抗晚疫病，块茎感病，高抗环腐病，抗PVY病毒、高抗卷叶病毒，耐束顶病，较耐涝。中熟，生育天数为95天左右。

（2）大西洋：株型直立，生长势中等；茎秆粗壮，基部有分布不规则的紫色斑点；叶亮绿色，紧凑；花冠浅紫色，开花多，天然结实性弱；块茎卵圆形或圆形，白皮白肉，表皮光滑，有轻微网纹，鳞片密，芽眼浅；淀粉含量15%，还原糖含量0.03%；对PVX病毒免疫，中抗晚疫病。中晚熟，生育期115天。

（3）夏波蒂：株型开展，分枝多；花大部分为白色，间有紫色；块茎长椭圆形，白皮白肉，表皮光滑，芽眼极度浅且突出，结薯集中，薯块大；干物质含量占比19%～21%，还原糖含量较低；易感病退化，对晚疫病敏感；耐贮藏，中熟，生育期110～120天。

（4）费乌瑞它：株型直立，分枝少；茎紫色，生长势强；叶绿色，复叶下垂；花序总梗绿色，花柄节有色，花冠蓝紫色；天然结实性较强；块茎长椭圆形，顶部圆形，皮淡黄色，肉鲜黄色，表皮光滑，块大而整齐，芽眼数少而浅，结薯集中；块茎休眠期短，较耐贮藏；干物质含量占比17.7%，淀粉含量占比12.4%～14%，还原糖含量占比0.03%，粗蛋白质含量占比1.55%，维生素C含量为13.6毫克/100克；蒸食品质较好，适用炸片加工；植株易感晚疫病，块茎中感病，轻感环腐病和青枯病，抗Y病毒和卷叶病。中熟，生育期60天左右。

（5）底西芮：株型扩散；主茎健壮，绿紫色；叶片长卵形；花冠淡黄色；天然结实性强；块茎椭圆形，红皮黄肉，表皮光滑，芽眼浅，结薯早，块茎膨大快，结薯率极高；淀粉含量占比17%，还原糖含量占比0.04%；极抗马铃薯Y病毒，抗旱，抗晚疫病、环腐病和黑胫病，退化轻，比较耐贮藏。中晚熟，生育期120天。

3. 特定生产方式

茎尖培养产生无病毒植株，一般认为是利用代谢活跃的分生组织中没有病毒的原理，将入选基础材料经消毒后在解剖镜下剥离出茎尖，接种于试管培养基中。在一定条件下，培育成小植株，经过病毒鉴定，合格的再切段繁殖，形成脱毒苗。试管脱毒苗经温室扩繁成扦插苗，再栽于网室中生产原原种，而后逐年生产原种、一级种和二级种。包括茎尖组织培养技术、原种生产和网室管理。

4. 包装标识相关规定

（1）种薯包装：根据品种和分级不同分别用细眼纱网袋和普通纱网袋挂贴标签进行包装。

（2）商品薯包装：根据不同品

种、不同认证产品分别用纸箱或纱网袋进行挂贴标签（包括认证产品的防伪标签）包装。

凉山马铃薯

凉山马铃薯是四川省凉山彝族自治州的特产，全国农产品地理标志产品。2009年5月27日，原中华人民共和国农业部正式批准对"凉山马铃薯"实施农产品地理标志登记保护。

1. 产品介绍

凉山有300多年的马铃薯种植历史，马铃薯是彝族群众生产生活不可缺少的主食。"凉山马铃薯"原产地域范围为东经100°15′～103°52′，北纬26°03′～29°18′，总面积2000平方千米。凉山水土资源丰足充沛，海拔1800米以上地区是马铃薯主产区，光照充足，昼夜温差大，气候温凉，雨水充沛，水质纯净，空气清新，无工业污染。适宜种植面积达2666平方千米。凉山马铃薯产品特色鲜明，在品种使用上以凉薯系列（凉薯17号、凉薯97号、凉薯14号、川凉薯1号等）为主，凉山马铃薯块大、淀粉含量高（16.2%～21.8%），相同品种在凉山种植，淀粉含量比其他地区提高1～2个百分点。食口性好。在凉山不同的区域，一年四季均可种植马铃薯，周年生产、周年供应。

2. 地域范围

凉山州位于四川省西南部横断山区东北部，青藏高原东南缘，界于四川盆地与云南省中部高原之间。地理位置东经100°15′～103°52′，北纬26°03′～29°18′之间。南北长370千米，东西宽360千米，全州幅员面积6.04万平方千米，占四川省的12.5%。凉山马铃薯保护范围为凉山州17个县市，共计610个乡镇，3743个行政村。

3. 产品品质特征

（1）外在感官特征：凉山马铃薯在长期的栽培和自然选择下，形成了自己独特的产品特征，其品种上以凉薯系列为主，生产出的马铃薯以长椭圆形为主，薯块芽眼中等，表皮较光滑，黄皮黄肉，适宜加工或鲜食菜用。

（2）内在品质指标：凉山马铃薯营养丰富，尤以淀粉、维生

马铃薯品牌

素 C 和钙元素含量最为丰富。以 100 克鲜马铃薯为例：淀粉含量占比 14% ～ 22%，蛋白质含量占比 0.89% ～ 2.3%，还原糖含量占比 0.04% ～ 0.41%，干物质含量占比 20% ～ 29%，维生素含量为 10 ～ 20 毫克 / 千克，钙含量为 20 ～ 25 毫克 / 千克。

（3）安全要求：质量符合凉山彝族自治州农业地方标准《无公害农产品 马铃薯》（DB5134/T06-2003）的要求。

4. 特定生产方式

（1）产地选择与特殊内容规定：选择排灌条件好、土质较轻、土层深厚、疏松肥沃、通透性好的地块。

（2）品种选择与指定要求：选择当地具有代表性的优质品种 "凉薯系列" ——凉薯 14 号、凉薯 17 号、凉薯 97 号、凉薯 8 号等，以及质量符合国标要求的脱毒米拉、大西洋等种薯。种植实行双行高厢垄作，每亩密度 4000 ～ 4500 窝。

（3）生产过程管理：实行二茬以上轮作，以荞麦、豆类、玉米等为前茬，禁忌与茄科作物连作、对茬。前茬作物收获后彻底清洁田园。入冬时深翻，同时撒施农家肥 1500 ～ 2500 公斤 / 亩左右，耕深 25 厘米，播种前耙细、耙匀，做到上松下实。生产中推广 "脱毒良种、适时早播、增施磷钾、平衡施肥、深松整地、双行垄作，密度四千、垄土三次、综防病虫、科学管理" 40 字综合配套技术。

（4）产品收获：根据不同生产季节，根据鲜薯上市或交售、贮藏时间适时收获。收获时轻拿轻放，避免滑皮。销售时按规定要求包装。

（5）生产记录要求：对产品生产地点，土壤耕作茬口，所使用农机具，所施用肥料名称、施肥方式、施肥时间、施肥量，播种时间，收获时间，施用农药名称、施药方式、施药时间及施药对象，产品收获、销售等项目的日期、方式、数量等进行详细的记录。

5. 包装标识相关规定

在包装方式上采用箱式包装和袋式包装两种。标志使用人应在其产品或包装上标有 "凉山马铃薯" 字样和农产品地理标志公共标识。运输过程中，注意严防雨淋，严禁用含残毒污染的仓库和车厢，不允许和有毒物品混放混装，贮存在通风、干燥的室内、以防发霉。

万源马铃薯

万源马铃薯是四川省万源市的特产，全国农产品地理标志产品。2009年5月27日，原中华人民共和国农业部正式批准对"万源马铃薯"实施农产品地理标志登记保护。

1. 地域范围

万源地处四川盆地东北边缘，川、陕、渝三省（市）结合部，大巴山南麓腹心地带，东经107°29′~108°31′，北纬31°39′~32°20′，东接重庆市城口县，南接宣汉县，西抵平昌、通江两县，北与陕西的镇巴县、紫阳县毗邻。万源市南距达州市146千米，北距陕西镇巴县县城71千米，襄渝铁路、国道210线（包南路）及川东电网纵贯全市，是进出四川的主要通道和重要门户，是川陕两省的交通要塞，素有"秦川锁钥"之称，享有"万宝之源"的美誉。全市幅员面积4065平方千米，万源马铃薯保护范围为全市12个镇、40个乡、373个村、2480个社。

2. 产品品质特征

薯型圆形或椭圆形，表皮有麻纹，黄皮黄肉或白皮白肉，芽眼较浅，适宜鲜食菜用。煮食时，香味四溢，口感香而滑润，风味独特，烹菜时香味散于屋内，口感较好，不易断裂。万源马铃薯尤以淀粉、硒元素、蛋白质、铁、维生素的含量最为丰富。淀粉含量一般占比在15.5%~20.6%，硒含量占比≥0.5微克/100克，蛋白质含量占比为1.5%~2.3%，脂肪含量占比为0.3%~1.1%、粗纤维含量占比为0.3~0.8毫克/100克，另含人体所必需的8种氨基酸。

3. 特定生产方式

在全市各乡镇选择土壤肥沃、耕层良好的土壤种植，适宜的pH值为5.0~7.0，前作大豆、菠菜较为适宜，禁忌与茄科作物连作。选择适应当地生态条件且经审定推广的优质、抗逆性强的高产品种，主要有中薯3号、费乌瑞它、秦芋30号、鄂薯5号、大西洋、早大白、坝薯10号等。种薯播前要进行精选。

生产过程管理：要求土壤耕深0.7~0.8尺，整细耙平，去除石块，开厢起垄，处理好排水沟。净

马铃薯品牌

作地规格（1-1.2）×（0.7-0.8）尺，亩植 8000 ~ 8500 窝，带植地亩植 3500 ~ 4000 窝。亩用优质农家肥 2500 ~ 3500 千克、磷肥 50 千克或复合肥 100 千克作底肥。出苗后及时追肥提苗，亩施 1500 千克清粪水加碳铵 10 ~ 15 千克或尿素 6 ~ 8 千克。

待地上部茎叶全部由绿变黄、块茎停止膨大后，根据鲜薯上市或交售、贮藏时间适期收获。收获前一周杀秧，收获的鲜薯先要充分摊晾，待薯皮木栓化后方可运输、贮藏。对生产地点，土壤耕作茬口，所使用农机具，所施用肥料名称、施肥方式、施肥时间、施肥量，施用农药名称、施药方式和施药时间，收获、仓储、销售等项目的日期等进行详细的记录。

4. 包装标识相关规定

（1）包装：在包装方式上采用箱式包装和袋式包装两种。

（2）标识：标志使用人应在其产品或其包装上统一使用农产品地理标志（万源马铃薯名称和公共标识图案组合标注形式）。

隆德马铃薯

隆德马铃薯是宁夏固原市隆德县的特产，全国农产品地理标志产品。2010 年 12 月 15 日，原中华人民共和国农业部批准对"隆德马铃薯"实施农产品地理标志登记保护。

1. 地域范围

隆德县位于六盘山西麓、宁南边陲。东望关陕，西眺河洮，南走秦州，北通宁朔。"312"国道纵贯东西，隆（德）秦（安）省道和隆（德）张（易）县道分别穿越南北。地理坐标为东经 105°48′ ~ 106°15′，北纬 35°21′ ~ 35°47′，南北长 47 千米，东西宽 41 千米，总面积 985 平方千米。隆德马铃薯地理标志保护范围为全县 13 个乡镇，分别为城关镇、沙塘镇、神林乡、联财镇、好水乡、观庄乡、杨河乡、张程乡、凤岭乡、温堡乡、奠安乡、山河乡、陈靳乡，共辖 128 个行政村。

2. 产品品质特征

（1）外在感官特征：隆德马铃薯个体均匀，呈圆形和椭圆形，色彩为淡青色。

（2）内在品质指标：粗淀粉含

量为 17.85 克 /100 克，维生素 C 含量为 15.57 克 /100 克，干物质含量为 23.6 克 /100 克。

（3）安全要求：大气、灌溉水、地面水、药防执行 GB3095-1996 大气质量标准、GB5084-1992 农田灌溉水质标准、GB3838-1988 国家地面水质量标准、GB4285-1989 农药安全使用标准。

3. 特定生产方式

（1）产地选择：选择排灌条件好、土质较轻、土壤耕层深厚、理化性状良好、保水保肥力强的地块。

（2）品种选择及特定要求：选择脱毒的马铃薯种薯作为生产用种。根据市场商品要求，菜用型选择宁薯 4 号、宁薯 8 号、青薯 168 号、青薯 2 号等品种，淀粉型选择陇薯 3 号、大白花等。种植方式实行双行靠种植，宽行行距 50 ~ 60 厘米，窄行行距 20 厘米，株距 33 ~ 47 厘米。一般早熟品种亩保苗 4500 株左右，中熟品种亩保苗 4000 ~ 4500 株，晚熟品种亩保苗 3500 ~ 4000 株。

（3）生产过程管理：实行二茬以上轮作，以麦类、豆类、玉米等为前茬，禁忌与茄科作物连作。前茬作物收获后彻底清洁田园，入冬时深翻，同时撒施农家肥 1500 ~ 2500 公斤 / 亩，耕深 25 厘米，播种前耙细、耙匀，做到上松下实。生产中推广"脱毒良种、适时早播，增施磷钾、平衡施肥，深松整地、双行垄作，密度四千、垄土三次，综防病虫、科学管理"40 字综合配套技术。

（4）产品收获：马铃薯茎叶全部由绿变黄、块茎停止膨大后，根据鲜薯上市或销售、贮藏时间适期收获。收获前一周杀秧，收获的鲜薯先要充分摊晾，待薯皮木栓化后方可运输、贮藏。

（5）生产记录要求：对产品生产地点，土壤耕作茬口，所使用农机具，施用肥料名称、施肥方式、时间、施肥量，播种、收获时间，施用农药名称、方式、时间及施药对象，产品收获、销售等项目的日期、方式、数量等进行详细的记录。

4. 包装标识相关规定

（1）包装标志：在包装方式上采用箱式包装和袋式包装两种。标志使用人应在其产品或包装上使用"隆德马铃薯"字样和农产品地理

马铃薯品牌

标志公共标识组合标注形式。每一个包装上应标明产于何处、产品的标准编号、商标、生产单位名称、详细地址、规格、净含量和采收日期、包装日期等，标志上的字迹要清晰、完整、准确。

（2）运输：在运输过程中，注意严防雨淋，严禁用含残毒污染的仓库和车厢，不允许和有毒物品混装混放。

空山马铃薯

空山马铃薯是四川省巴中市通江县的特产，全国农产品地理标志产品。2013年4月15日，原中华人民共和国农业部正式批准对"空山马铃薯"实施农产品地理标志登记保护。

1. 地域范围

空山马铃薯产于四川省巴中市，农产品地理标志地域保护范围包括通江县空山乡在内的151个乡镇（含巴中市南江县、平昌县、巴州区两县一区境内所有乡镇）、1520个村。巴中市位于四川省东北部，属盆州边远山区，地理坐标为东经106°20′～107°49′，北纬

31°15′～32°45′。东邻达州，南接南充，西抵广元，北接陕西汉中。马铃薯种植保护面积为约3亿平方米。

2. 产品品质特征

（1）外在感官特征：空山马铃薯薯型为圆形或椭圆形，芽眼中等且分布均匀，表皮光滑，光泽度好。适宜鲜食菜用和用作种薯。口感香甜，不易断裂。

（2）内在品质指标：空山马铃薯淀粉含量 ≥ 10%，含有丰富的维生素C。

（3）安全要求：产品质量达到《无公害食品薯芋类蔬菜》NY5221-2005标准。

3. 特定生产方式

（1）产地选择与特殊内容规定：选择灌排方便，土层深厚，土质疏松肥沃，中性或微酸性，有机质含量丰富，符合DB51/336-2003无公害农产品（种植业）产地环境条件的区域（达不到要求的要进行农业综合整改，以符合使用之规定）。

（2）品种选择与特定要求：选择品种纯正的脱毒马铃薯品种川芋117号、川芋56号、中薯2号做种薯。各熟期各级马铃薯种薯符合

GB18133-2000马铃薯脱毒种薯国家标准。

（3）生产过程管理：实行分带轮作，以豆类、玉米为宜。整地净作，以一年一轮或两年一轮为宜。忌茄科作物相间或相套，忌连作。

4. 包装标识相关规定

本规定地域范围内的空山马铃薯农产品生产经营者，在产品或包装上使用已获登记保护的农产品地理标志，必须向登记证书持有人提出申请，并得到许可，按照规范生产和使用标志，在其产品或其包装（箱式或袋式）上统一使用农产品地理标志（空山马铃薯名称和公共标识图案组合标注形式）。

阿荣马铃薯

阿荣马铃薯是内蒙古自治区呼伦贝尔市阿荣旗的特产，全国农产品地理标志产品。2013年4月15日，原中华人民共和国农业部正式批准对"阿荣马铃薯"实施农产品地理标志登记保护。

1. 地域范围

阿荣马铃薯主要产自于内蒙古自治区呼伦贝尔市阿荣旗，地域保护范围包括复兴镇、那吉镇、六合镇、亚东镇、霍尔奇镇、向阳峪镇、得力其尔乡、查巴奇乡、音河乡、新发乡等11个镇、4个民族乡。西部与扎兰屯市隔河相望，东部与扎格敦山岭和莫力达瓦达斡尔族自治旗为邻，北部和鄂伦春旗相连，西北部与牙克石市接壤，南以金界壕为界与黑龙江省甘南县毗邻。地理坐标为东经122°02′30″～124°05′40″，北纬47°56′54″～49°19′35″，总面积13600平方千米，马铃薯种植保护面积为45亿平方米。

2. 产品品质特征

（1）外在感官特征：阿荣马铃薯是茄科茄属一年生草本。其块茎可供食用，是重要的粮食、蔬菜兼用作物。块茎圆、卵圆或长圆形。薯皮的颜色为白、黄、粉红、红、紫色和黑色，薯肉为白、淡黄、黄色、黑色、紫色及黑紫色。

（2）内在品质：每100克中粗蛋白含量≥2.40克、淀粉含量≥15克、干物质含量≥26克，维生素C含量≥90毫克/千克。

（3）安全要求：在生产过程中严格执行《农产品质量安全法》

马铃薯品牌

等相关法律法规，产地环境按《绿色食品产地环境质量标准》（NY/T391-2000）标准等规定进行生产。贮藏执行《绿色食品贮藏运输准则》（NY/1056-2006）等相关规定。

3. 特定生产方式

（1）品种选择：选用脱毒种薯作淀粉加工用应选择中晚熟、高产、高淀粉脱毒种薯，如克新1号、大西洋、内薯7号。做菜薯用，应选择早熟、优质、高产脱毒品种，如早大白、鲁引1号、东农303。

（2）栽培方式：采用马铃薯大垄栽培技术，集优良品种、优质脱毒种薯、合理密度、科学施肥、综合防治、田间管理和机械化操作等综合高产生产技术于一体，有效增强土壤贮水保墒、供肥能力，确保苗全、苗齐、苗壮，减少块茎晚疫病侵染，从而提高产量、保证质量，达到马铃薯生产高产高效、增产增收的目的。

（3）栽培方法：选择早熟直立型品种，垄距80厘米，亩保苗3600～4500株；选择中晚熟繁茂型品种，垄距90厘米，垄上单行株距18～20厘米或双行25厘米，亩保苗3600～5800株。

4. 包装标识相关规定

阿荣马铃薯农产品地理标志归阿荣旗地域内马铃薯种植经营者共同所有。经营者在产品或包装上使用已获登记保护的农产品地理标志，必须向登记证书持有人提出申请，并按照相关要求规范生产和使用标志，统一采用"阿荣马铃薯"和农产品地理标志公共标识相结合的标识标注方法。

峨边马铃薯

峨边马铃薯是四川省乐山市峨边彝族自治县的特产，全国农产品地理标志产品。2012年12月7日，原中华人民共和国农业部批准对"峨边马铃薯"实施国家农产品地理标志登记保护。

1. 地域范围

峨边马铃薯农产品地理标志地域保护范围包括四川省乐山市峨边彝族自治县的沙坪镇、毛坪镇、新林镇、五渡镇、大堡镇、白杨乡、红花乡、宜坪乡、杨村乡、杨河乡、金岩乡、勒乌乡、黑竹沟镇、哈曲乡、万坪乡、觉莫乡、平等乡、共和乡、新场乡等19个乡（镇）、129 个行政村，地理坐标为东经 102°54′～103°33′，北纬 28°39′～29°19′ 之间，东到平等乡清溪村，南到勒乌乡山峰村，西到黑竹沟镇依乌村，北到新场乡庞沟村。马铃薯种植保护面积为 239550 万平方米。

2. 产品品质特征

（1）外在感官特征：峨边马铃薯薯型圆形或椭圆形，表皮光滑，黄皮黄肉或白皮白肉，光泽度好，芽眼较浅，适宜鲜食菜用，香味四溢，口感香甜滑润，风味独特，不易断裂。

（2）内在品质指标：峨边马铃薯淀粉含量 ≥ 15.5%，干物质含量 ≥ 18.5%，含有丰富的维生素 C。

（3）安全要求：产地环境条件、土壤环境质量、农田灌溉水质标准符合无公害马铃薯生产基地环境质量 DB51/336-2003、GB15618、GB5084 的规定；生产过程中农药和化肥的使用符合《无公害农产品农药使用准则》（DB51/337-2003）和《无公害农产品生产用肥使用准则》（DB51/338-2003）的规定；产品质量符合《无公害食品 薯芋类蔬菜》（NY5221-

2005）的规定。

蒲县马铃薯是山西省临汾市蒲县的特产，全国农产品地理标志产品。2011 年 12 月 20 日，原中华人民共和国农业部批准对"蒲县马铃薯"实施农产品地理标志登记保护。

蒲县海拔高、气温低，日照充足，昼夜温差大，土壤质地疏松，发展马铃薯具有得天独厚的优势。

1. 历史渊源

2005 年，蒲县农业资源开发中心、县科学技术协会成立蒲县马铃薯协会，协会成员由马铃薯生产技术人员、马铃薯种植户、马铃薯销售经纪人组成。

2006 年，蒲县县委、县政府专门出台了《关于加快发展马铃薯产业化的意见》，县财政拿出 120 万元扶持马铃薯生产。

2012 年，蒲县被山西省农业厅确定为全省"一县一业"马铃薯基地县。

2. 地域范围

蒲县位于山西省南部，吕梁山脉南端，临汾市西北部，属晋西北黄土丘陵沟壑区的一部分。全县辖4镇5乡，93个村民委员会，有640个自然村，全县总面积1510.61平方千米。蒲县地形东、南、北三面环山，大体分为县东土石山区和县西残垣沟壑区。西、中部是黄土梁峁地形，多为黄土覆盖，蒲县马铃薯栽植区位于蒲县县域中西部，海拔在1000～1500米之间。平均海拔1300米，地理坐标为北纬36°20′27″～36°33′33″，东经110°51′09″～111°12′03″之间。涉及红道、蒲城、薛关、古县、山中5个乡镇40个行政村。

3. 产品品质特征

（1）外在感官特征：蒲县马铃薯薯块均匀、个大，表皮有粗糙和光滑两类，商品性好。

（2）内在品质：蒲县马铃薯炒食后口感香、脆，蒸后自然脱皮开裂，肉质绵、软。检测结果表明：水分含量为60%～90%之间、淀粉含量≥8.5%、粗纤维≥0.56%、维生素C含量≥26毫克/100克、钾含量≥335毫克/100克。

（3）安全要求：蒲县马铃薯产地生态环境符合《无公害食品 大田作物产地环境技术条件》NY5332-

2006标准。生产过程严格执行《无公害食品 马铃薯生产技术规程》NY/T5222-2004要求。产品符合中华人民共和国农业行业标准《无公害食品 薯芋类蔬菜》NY5221-2005的安全指标，在包装、标识上符合农业部《农产品包装和标识管理办法》，进入市场的马铃薯遵守《农产品质量安全法》及其他法律法规的有关规定。

曾家山马铃薯

曾家山马铃薯是四川省广元市朝天区的特产，全国农产品地理标志产品。2011年12月15日，原中华人民共和国农业部正式批准对"曾家山马铃薯"实施农产品地理标志登记保护。

1. 地域范围

广元市朝天区地处四川北部边缘，南与广元市中区接壤，北与陕西宁强县相依，东与旺苍县相邻，西与青川县交界。曾家山马铃薯农产品地理标志保护范围为朝天区曾家镇、中子镇、平溪乡、两河口乡、李家乡、麻柳乡、汪家乡和临溪乡8个乡镇，地理坐标为东经

105°37′19″ ～ 106°17′44″，北纬
32°29′11″ ～ 32°52′26″。

2. 产品品质特征

（1）外在感官品质：曾家山马铃薯薯型圆形或椭圆形，表皮光滑，光泽度好，芽眼较浅，适宜鲜食菜用和用作种薯。口感甜香，不易断裂。

（2）内在品质指标：曾家山马铃薯淀粉含量≥10%，总糖含量≥1.5%，含有微量硒元素。

（3）安全要求：产品质量符合《绿色食品 薯芋类蔬菜》NY5221-2005标准。

3. 特定生产方式

（1）地块选择：在曾家山片区8个乡镇选择土壤肥沃、耕性良好的土壤，耕层土壤细碎、疏松，地面平整，排水良好，前作大豆、菠菜较为适宜，禁忌与茄科作物连作。

（2）品种选择：选择适应当地生态条件且经审定推广的优质、抗逆性强的高产品种，主要有陇薯3号、费乌瑞它、秦芋30号、大西洋等。种薯播种前要进行精选，选择种薯表面无伤痕、无变色、无斑块、无裂痕、无突起、符合原品种特点、脐部周围和薯块无变软、手挤不变

形、无异味的薯块作种薯。

（3）生产过程管理：①精细整地。选择土质疏松、土层深厚、土壤较肥沃、通透性好的土壤。深翻土层20厘米以上，开好排水沟，把残茬、石块清理干净，然后整细耙平。②科学施肥。坚持重有机肥、轻化肥，减氮肥、稳磷肥、增钾肥，重施底肥，适时追肥的原则。有机肥充分腐熟，避免用硝态氮和含氯离子肥，实施科学配方施肥。亩用硫酸钾型马铃薯专用合肥50公斤；碳铵5公斤、磷肥5公斤，农家肥1500～2000公斤作底肥。播种时进行集中沟施。现蕾始期用尿素5公斤，结合中耕培土追施薯块膨大肥。③起垄播种。净作马铃薯70厘米开厢，在厢的中间开沟，将农家肥和化肥施于沟底，然后起垄播种覆土，垄高15～20厘米，垄面宽60厘米。玉米套马铃薯地块，170～200厘米开厢，80厘米种植玉米两行，大行内套种两行马铃薯。④合理密植。净作亩植3500～4000窝，每窝双株，亩植6000～7000株。套作亩播种2500～3000窝，亩植5000～6000株。⑤加强管理。幼

苗出土高达10厘米时，进行第一次中耕、除草，结合浅培土。现蕾时，进行第二次中耕，此次中耕宜浅，不伤到根茎。同时亩用5公斤尿素追施膨大肥，并进行第二次培土。⑥综防病虫。马铃薯病害主要有晚疫病和病毒病，其次是环腐病。虫害主要是蚜虫、地老虎等。开花前15天用75%百菌清或70%安泰生或甲霜灵锰锌等兑水喷雾1～2次；当田间发现病斑，及时拔除中心病株，同时采用杀毒矾或银发利兑水喷雾；病毒病结合蚜虫防治。地下害虫亩用1%敌百虫粉剂3～4公斤，加细土10公斤拌匀顺垄撒施，或用敌百虫加糖、醋，拌切细的青菜叶诱杀。⑦产品收获。待地上部茎叶全部由绿变黄、块茎停止膨大后，根据鲜薯上市或交售、贮藏时间适期收获。收获前一周杀秧，收获的鲜薯先要充分摊晾，待薯皮木栓化后方可运输、贮藏。⑧生产记录要求。对生产地点，土壤耕作茬口，所使用农机具，所施用肥料名称、施肥方式、施肥时间、施肥量，施用农药名称、施药方式和施药时间，收获、仓储、销售等项目的日期等进行详细的记录。

4. 包装标识相关规定

在包装方式上采用箱式包装和袋式包装两种。地域范围内的曾家山马铃薯农产品生产经营者，在产品或包装上使用已获登记保护的农产品地理标志，须向登记证书持有人提出申请，并按照规范生产和使用标志，在其产品或包装上统一使用农产品地理标志（曾家山马铃薯名称和公共标识图案组合标注形式）。

界首马铃薯

界首马铃薯是安徽省阜阳市界首市的特产，全国农产品地理标志产品。

界首市位于黄淮平原南端、安徽淮北平原西北部，马铃薯栽培历史悠久，为中原二季作马铃薯生产区，地方品种"界首红皮"享有盛誉。

2016年11月2日，原中华人民共和国农业部正式批准对"界首马铃薯"实施农产品地理标志登记保护。

1. 历史渊源

20世纪30年代初，界首市从天津市引进马铃薯，开始菜园零星种植，面积不足 70000 平方米。

20 世纪 50 年代，界首地方马铃薯品种培育成功，定名为"界首红皮"。

20 世纪 60 年代后期，界首市先后从外地引进了丰收白、红眼窝、红纹白和白头翁等品种。

20 世纪 70 年代中后期，引进了高原 7 号、郑薯 2 号等品种，进行了第三次品种更新，使产量有了提高。

20 世纪 80 年代初期，界首市引进大西洋、泰山一号等新品种。

20 世纪 80 年代中后期，从东北三省引进了克新号（1 号、2 号、3 号、4 号）和波兰 2 号等马铃薯新品种和地膜覆盖技术。

20 世纪 90 年代，引进鲁引一号、荷兰 15、东农 303、早大白、紫花白等品种，由于马铃薯综合配套技术以及脱毒马铃薯的推广，加之间作套种高效田的发展，形成以颍南为中心的马铃薯生产区域，并发展到泉阳和西城、光武等地。

2000 年以来，界首马铃薯主要品种有克新 1 号、紫花白、早大白等品种，后来引进郑薯 5 号、郑薯 6 号新品种，增产明显，效益较好。

2014 年，界首市启动实施马铃薯产业振兴计划。在分析马铃薯产业发展存在的问题后，结合界首农业生产特点和结构调整布局情况，当地政府决定在陶庙镇赵庄建设马铃薯高产示范园，开启约 21 万平方米大棚马铃薯种植，实行塑模覆盖、深沟大垄、精耕细作。

2. 地域范围

界首马铃薯地域保护范围包括界首市区域的东城街道、西城街道、颍南街道、光武镇、泉阳镇、芦村镇、新马集镇、大黄镇、田营镇、陶庙镇、王集镇、砖集镇、顾集镇、代桥镇、舒庄镇、邴集乡、靳寨乡、任寨乡 18 个乡镇街道。地理坐标东经 115°14′45.13″～115°31′25.57″，北纬 33°0′48.5″～33°31′11.22″，东至代桥镇，南至舒庄镇，西至砖集镇，北至芦村镇，地域保护规模为约 3.6 亿平方米。

3. 产品品质特征

（1）外在感官特征：界首马铃薯块茎呈长椭圆形，表皮光滑、淡黄色，肉鲜黄色，块茎大而整齐，芽眼少而浅。

（2）内在品质指标："界首马铃薯"农产品地理标志地域保护

范围内生产的马铃薯，每 100 克块茎淀粉含量为 10.0 ～ 13.5 克、蛋白质含量为 1.93 ～ 2.25 克、维生素 C 含量为 15.2 ～ 18.4 毫克、还原糖含量为 0.46 ～ 0.65 克、钾含量为 390 ～ 457 毫克、铁含量为 0.85 ～ 1.25 毫克。

（3）安全要求：严格按照 GB4406 种薯、GB18133 马铃薯脱毒种薯、NY/T391 绿色食品产地环境质量、NY/T393 绿色食品农药使用准则、NY/T394 绿色食品肥料使用准则、NY/T658 绿色食品包装通用准则、NY/T1049 绿色食品薯芋类蔬菜、NY/T1056 绿色食品贮藏运输准则、NY/T1066 马铃薯等级规格、NY/5222 无公害食品马铃薯生产技术规程等的规定组织生产。严格按照市场准入制度，贯彻《食品安全法》和《农产品质量安全法》，推进马铃薯无害化管理，严格按照界首市无公害马铃薯的具体要求规范操作。鼓励有条件的企业认证绿色和有机产品，建立马铃薯质量安全可追溯制度，进一步规范生产行为。

4. 包装标识相关规定

界首马铃薯地理标志使用管理实行"品牌、标准、标识、监管、宣传"的"五统一"制度。

怀玉山马铃薯

怀玉山马铃薯是江西省上饶市玉山县的特产，全国农产品地理标志产品。2013 年 4 月 15 日，原中华人民共和国农业部正式批准对"怀玉山马铃薯"实施农产品地理标志登记保护。

1. 地域范围

怀玉山马铃薯产于江西省玉山县西北 60 千米处的怀玉乡境内，与三清山对峙相望。处于东经 117°56′30″ ～ 117°58′13″，北纬 28°53′01″ ～ 28°53′17 之间，平均海拔 700 米。农产品地理标志界定为怀玉山范围内的玉峰村、洋塘村、金坪村、陇首村及关口村 5 个行政村。

2. 产品品质特征

（1）外在感官特征：块茎呈卵圆或长圆形。薯皮极为粗糙，较普通马铃薯有明显区别，颜色为黄色，薯肉为白色。

（2）内在品质指标：淀粉含量占比为 10.3% ～ 14.4%，蛋白质含量占比为 2.56% ~ 2.60%，干物质含量占比为 16.8% ~ 18.0%。100 克中维生素 C 含量为 13.1 ~ 13.3 毫克，未检测出还原糖。除此而外，"怀玉山马铃薯"还含有禾谷类粮食所没有的胡萝卜素和抗坏血酸，可称为"十全十美的食物"。怀玉山马铃薯含有丰富的维生素 C，可预防和治疗坏血病，还可以补充肌肤水分，去除老化角质，具有美容、养颜、减肥、养生、抗衰老的功效。怀玉山马铃薯中脂肪和蛋白质含量较低，而且还含有丰富的粗纤维，有促进蠕动和加速胆固醇在体内的新陈代谢。

3. 包装标识相关规定

地域范围内的农产品生产经营者，如需要在产品或包装上使用已获登记保护的农产品地理标志，事先要向登记证书持有人提出申请，并按照《农产品地理标志管理办法》第十五条规定的相关要求规范使用标志，统一采用"怀玉山马铃薯"产品名称和农产品地理标志公共标识相结合的标识标注方法。

武隆高山马铃薯

武隆高山马铃薯是重庆市武隆的特产，全国农产品地理标志产品。2008 年，原中华人民共和国农业部正式批准对"武隆高山马铃薯"实施农产品地理标志登记保护。

1. 地域范围

武隆县地处渝东南边缘，云贵高原大娄山褶皱带与武陵山系的交汇地区，位于东经 107°13′ ~ 108°05′，北纬 29°02′ ~ 29°40′ 之间。以山地为主，一般相对高度差都在 700 ~ 1000 米之间，县境最高海拔 2033.3 米，最低海拔 160 米。武隆高山马铃薯产于重庆市武隆县范围内仙女山山脉仙女山国家森林公园以东的仙女山镇石梁子村和白马山山脉白马山自然保护区以东的巷口镇走马村、蒲板村，海拔 1200 米以上的高山地带，生产面积 800 万平方米。

2. 产品品质特征

（1）外在感官品质：武隆高山马铃薯茎块呈扁圆形，皮黄白，口感好，有特殊香味，无腐烂、无异味、无病虫害、无机械损伤。

（2）内在品质指标：块茎中淀粉含量占比 15%、糖类含量占比

马铃薯品牌

1.5%、蛋白质含量占比2%左右、矿质盐类含量占比1.1%，并且含有维生素B、维生素C等，营养价值高，既可当主粮，也是优良蔬菜。

（3）武隆高山马铃薯安全要求：产品执行《农产品安全质量无公害蔬菜安全要求》（GB18406.1-2001）。

3. 特定生产方式

（1）品种选择：选用抗病虫、外观和内在品质好且符合市场需求的马铃薯优良品种，如鄂薯三号等。

（2）生产过程管理：执行《无公害食品马铃薯生产技术规程》（NY5221-2005）。

（3）产品收获及产后处理：马铃薯在茎膨大后，根据市场行情分阶段采收上市，供应本地和重庆主城市场，完全成熟后采收贮藏、加工或远销外地市场。

（4）生产记录要求：由业主或基地专业合作社、乡镇农业服务中心建立田间生产记录档案，全面记载并妥善保存，以备查阅。

4. 包装标识相关规定

武隆高山马铃薯根据产品形状、色泽、鲜嫩度和产品特性，在采收后分为四级：特等、优等、一等、二等。特等由出口企业采用冷藏车运输到港口，再用冷藏集装将鲜菜运输到东南沿海或出口到东南亚。优等蔬菜用鲜菜盘、保鲜膜定量包装，加贴蔬菜质量安全标识，再用塑料箱分层存放，标明品名、净重、产地、采摘日期、防震等，由净菜生产加工企业采用快装、快运送到签约超市。一等品采用散装或袋装快速运输到重庆主城及周边批发市场。二等品由县内加工企业直接收购，进行加工。